子どもが体験するべき
50の危険なこと

Gever Tulley、Julie Spiegler 著

金井 哲夫 訳

O'REILLY®
オライリー・ジャパン

© 2011 O'Reilly Japan, Inc. Authorized translation of English Edition of Fifty Dangerous Things.
© Tinkering Unlimited, 2009, 2011. Published by arrangement with Folio Literary Management, LLC and Tuttle-Mori Agency.

本書は、株式会社オライリー・ジャパンがFolio Literary Management, LLC.との許諾に基づき翻訳したものです。日本語版の権利は株式会社オライリー・ジャパンが保有します。

あなたにとって、たぶん生涯で
もっとも危険な宣言文

私＿＿＿＿＿＿＿＿＿＿は、
技と決断力があれば
危険は回避可能であることを
身をもって証明します。
その証明として私は本書に書かれている
すべての挑戦を実行します。
今すぐではありませんが。
今週中というのもちょっと。
今年中も難しいかも。
でもいつかかならず、50の危険なこと
すべてを実行することを宣言します。

＿＿＿＿年＿＿＿月＿＿＿日

免責事項

本書は、娯楽と啓発と教育のための本です。私たちは、できるかぎり正確で明確な執筆を心がけてきましたが、それは本書の内容の誤りや不足に対して責任を負うものではありません。また、本書に記載された情報にもとづく行動が原因で生じた損害について責任を負うものではありません。

かならずうまくいくとは限らないことをご理解ください。個々の体験で、あなたご自身で独創的な解決方法を編み出すことで、本書の本当の面白さが完成します。本書の記載内容を正しく利用したか否かに関わりなく、それがもとで生じたケガに関して、私たちは責任を負いません。また、本書に記載されている情報が、完全、安全、正確であることを保証するものではありません。本書のタイトルが『子どもが体験するべき50の危険なこと』であることを、どうかお忘れなきよう。正しい判断力と常識的感覚をもって実行されることを切に願います。

必ず、法律を順守してください。財産権や個人の権利を含む、他者の権限を犯すことがないようご注意ください。

そしてなにより、楽しんでください！

注意：テクノロジー、法律、そして製造業者や著作権者が製品やコンテンツに課す制限は常に変化しています。そのため、本書のプロジェクトが解説と同じに動作しない場合や機器に損害や悪影響を及ぼす場合、または現在の法律や使用許諾契約と矛盾することがあります。読者の安全は読者自身の責任で確保していただくようお願いいたします。これには適切な機材と保護具を使用すること、自らの技能と経験を適切に判断することも含まれます。電気、電動工具などプロジェクトで使用する要素は、適切に扱わなかったり、保護具を使用しない場合、危険を及ぼすことがあります。手順をよりわかりやすくするために、解説に使用している写真やイラストレーションは、安全のために必要な準備や保護具を省略している場合があります。

本書の内容の利用は読者自身の責任で行うものとします。株式会社オライリー・ジャパンと著者、翻訳者は、本書の解説を運用した結果、起こった損害、障害について責任を負いかねます。読者の活動が法律、著作権を侵していないか確認するのは読者自身の責任です。

序文

この本には、子どもだけでなく大人にとっても危険なことばかりだと思われる方もいるでしょう。しかし私は、これらを体験しないことのほうが、結局は私たち自身や私たちの社会にとって、もっと危険なことになると心配しています。ここで紹介している活動は、実際の現象を、とにかく体験してみるための方法です。そこから、注意して物事を観察する意識が生まれ、物事を探求する好奇心が芽生えます。化学物質や機械を実際に扱うことは、物作りの技術や創造的な思考を育てるうえで、非常に意義深い体験となります。そして、「お手上げ状態」になるのは、怖くておかしくて楽しいことでもあります。こんな方法で現実と対面できる場所は、今は幼稚園か大学院にしかありません。認識能力の開発においては、実際にやってみることが、もっとも効果的な方法とされていますが、残念なことに、学校でも街角でも家庭でも、禁止されていることがほとんどです。

それを実行するのが、この本です。

強い好奇心、物作りの技、試す気持ち、考える力を持つ子どもに育てるためのガイドです。こうした能力は、結果的には、子どもたちを探求心旺盛な社会の一員に育てるための力となり、ひいては次世代の発明家、改革者、指導者を生み出す基盤となります。そこで私は、老いも若きも、経験者も未経験者も、とにかくあらゆる人たちに、この本に書かれているすべての活動を実行してほしいと考えています。これを実行すると、見慣れたものが違って見えるようになります。「こんなときはこうしろ」と教わってきた判断の基準に疑問を抱くようにもなります。そしてこれまでは「やり方がわからない」と決めつけていたことも「まずやってみよう」と思えるようになり、人間の度量が広くなります。さあ、やりましょう。大変なのは最初の危険な一歩だけです。

——マイク・ペトリッチ
エクスプロラトリアム・ラーニングスタジオ所長
2009年

目次

序文（マイク・ペトリッチ）...... v　　はじめに viii

01 ｜ 9ボルト電池をなめてみよう 002
02 ｜ あられの中で遊ぼう 005
03 ｜ 完ぺきなでんぐり返しを決めよう 008
04 ｜ フランス人のようにキスであいさつしよう 011
05 ｜ 車の窓から手を出してみよう 014
06 ｜ 釘を打とう 017
07 ｜ 車を運転しよう 020
08 ｜ やりを投げよう 023
09 ｜ ポリ袋爆弾を作ろう 026
10 ｜ 電気掃除機で遊ぼう 029
11 ｜ 石を投げよう 032
12 ｜ ドライアイスで遊ぼう 035
13 ｜ 紙コップでお湯をわかそう 038
14 ｜ 電子レンジに変なものを入れてみよう 041
15 ｜ 走っている車から物を投げよう 044
16 ｜ 高いところから落ちてみよう 047
17 ｜ 虫めがねで物を燃やそう 050
18 ｜ ひとりで歩いて帰ろう 053
19 ｜ 屋根の上に立とう 056
20 ｜ ノコギリを使おう 059
21 ｜ 目かくしで1時間すごそう 062
22 ｜ 鉄を曲げよう 065
23 ｜ ガラスビンを割ろう 068

24 | 空飛ぶマシンを作ろう 071
25 | 太陽を見よう 074
26 | かっこいい殺陣を学ぼう 077
27 | パチンコを作ろう 080
28 | 木登りしよう 083
29 | パフォーマンスに挑戦しよう 086
30 | 小川をせきとめよう 089
31 | 地下にもぐろう 092
32 | タイヤを交換しよう 095
33 | ゴミ箱に飛び込もう 098
34 | 家電品を分解しよう 101
35 | ゴミの埋め立て地を見に行こう 104
36 | 友だちに毒を食べさせよう 107
37 | 強風の中で手作り凧をあげよう 110
38 | つなわたりをマスターしよう 113
39 | 食洗機で料理をしよう 116
40 | ミツバチの巣を見つけよう 119
41 | 公共の乗り物で街を横断しよう 122
42 | レシピ本にさからおう 125
43 | ナイフで削ろう 128
44 | ロープスイングで遊ぼう 131
45 | 火遊びをしよう 134
46 | 指を瞬間接着剤でくっつけよう 138
47 | ガラスを溶かそう 141
48 | 冷凍庫でビンを破裂させよう 144
49 | 野宿をしよう 147
50 | なにかしよう 150

なぜ ...... 153　著者あとがき ...... 162　訳者あとがき 165

はじめに —— 子どもたちへ

　やあ！　私の名前はゲイバー。ティンカリングスクールの校長です。この学校は、普通の学校とはちょっと違います。時間割がなくて、一日中、ずーっとひとつのことをやります。それは、何かを作ること。本物の材料と道具の使い方もおぼえるのです。ただし、ここでは責任のある行動をしなければなりません。

　ティンカリングスクールの校則はただひとつ。あなたも、この本を読む前に、この校則を守ると誓ってください。覚悟はいい？　その校則とは……

「ケガをしない、ケガをさせない」

　これだけです。どんなに気をつけていても、指先を切ったり、血が出たり、ぶつけたりすることはあります。いけないのは、自分がやっていることに集中せずに、しなくていいケガをしてしまうことです。

　あなたのお父さんやお母さんが、子どものころに近所を走りまわったり木登りをしていたと聞いたら、信じられるかな。でも、本当。だけど、親だってあなたと同じで、人それぞれだから、自分の子どもに同じことをさせたい親もいれば、絶対にダメという親もいます。

　また、ある子どもには平気なことでも、ほかの子どもにはものすごく危なかったりします。サーカスで、自分と同じぐらいの子どもが空中ブランコの3回転を決めたからって、あなたがすぐにできるわけではありません。練習しないとね。まずは1回転から、どうしたらできる

のかを学んで、3回転まで技術をみがいていくのです（がんばれば、きっとできるはず）。
　この本に書かれている活動は、どれも安全に行えるようになっています。しかし、ぜんぜん危なくないということではありません。ガラスを溶かす実験をするためには、その前に火を上手に使えるようになっておかなければなりません。バスや電車で街を探検するためには、その前に、外でもしっかりと行動できるように練習して、家族のオーケーをもらわないといけません。
　ここでの活動には、時間がかかるもの、十分な準備が必要なもの、または、もっと大きくなってからでないとできないものなどもあります。どれもみな危険をともなう実験なので、ひとつひとつの活動について、かならず、大人とよく相談して行ってください。そして、もっと大きくなってからやるべきだと、あなたも大人も判断したならば、いつならできるかをノートに書いておきましょう。「10歳になったらやる」とか「うまく火がおこせるようになったら」とかね。
　安全を守るいちばんいい方法は、危険を見きわめる力をつけることだと私は信じています。だからこの本を書きました。ここに書いてある実験や工作を行うことで、本当に危ないものか、注意してあつかえば大丈夫なものかを、正しく見きわめる力を身につけてください。
　それでは安全第一で、そして楽しくね。

ページの見かた

🔹 だいたいの時間の目安です。目盛りは0時間から8時間まであります。左の例では2〜3時間です。ただし、このとおりの時間で終わるとはかぎりません。

🔹 どれだけ難しいか、または複雑かを示します。左にいくほど簡単で、右にいくほど難しくなります。左の例では「とても簡単」です。これも大まかな目安です。ある人には簡単でも、別の人には難しすぎてできなかったりもします。

🔹 危険の種類を示すマークです。これを見て、危険に備えてください。それでも、あなた自身が慎重に、注意深く、しっかりとした気持ちでいなければ危険は避けられません。

🔹 どの項目にも、おもしろい補足情報が書かれています。この情報が活動の助けになることもあります。また、覚えておくとより楽しく行えるような知識も書かれていたりします。

🔹 それぞれの活動は、4つのカテゴリーにわけられています。

始める前に

この本の活動では、あなたの体のほかに、いろいろな物を使います。なかでも、どの活動でも手元にあると便利なものを、ここに並べてみます。

☐ **メモ用紙**：紙はどんなときでも便利なものです。

☐ **筆記用具**：何かを書きしるすだけでなく、長さを測るときに印を付けたり、いろいろ使えます。

☐ **ハサミ**：紙やプラスチックや布などを切ることがよくあります。

☐ **ペーパータオルかぞうきん**：何かをこぼしたときにすぐに拭けるように。

☐ **古いテーブルクロスか古新聞紙**：作業する場所を汚さないように。

☐ **保護めがね**：サングラスでもいいが、無色透明で完全に目をおおう保護めがねが望ましい。目を失うことを考えれば安いもんです。

☐ **テープ**：強力な布のガムテープが便利。セロテープでもいい。透明なテープがいい場合もあります。

どの活動を行うにせよ、それにふさわしい場所を選ぶことは大切です。新しいダイニングテーブルで化学実験をさせてくれる大人は多くありません。きちんとカバーすればテーブルを汚すこともないでしょうが、できれば作業机や汚れてもいい台の上で行うほうが安全です。

いろいろな活動を重ねていくと、よく使うお気に入りの道具が増えていきます。そうなったら、工具箱などで整理しましょう。

時間の表示は、あくまで目安。ページに示されているより長くかかることもあります。また、もっとやりたくなって、自分から長い時間をかけることだってあるかもしれません。夏休みなど、学校が休みの日にやりたいと思ったら、前もってきちんと計画を立てておくとよいでしょう。

難しさの表示も目安にすぎません。表示されているよりうんと簡単に感じるものもあるでしょうし、ある程度の技術が必要なものの場合は、書いてあるより難しく思えるかもしれません。ひとつ何かをやってみて、その難易度と、次にやりたいものの難易度を比べれば、なんとなくわかるでしょう。

この本の活動には、それぞれにウェブページがあります。このウェブページに、あなたのアイデアや活動の写真などをアップしてください。ほかの子どもたちがどんな考えを持っているかを見るだけでも、楽しいですよ。

http://www.fiftydangerousthings.com
（日本語版編注：このウェブサイトの情報は英語で提供されています）

はじめに ── 大人のみなさんへ

　私はゲイバー・タリーと申します。2005年にティンカリングスクール（Tinkering School）という実験を開始しました。子どもたちに、本物の道具と材料を使って大きな物を作る機会を提供するという試みです。私は、今も継続中のこの活動から、あることを繰り返し教えられてきました。子どもたちは、機会さえ与えられれば、物事をやり遂げることができ、強い責任感も芽生えるということです。この本に書かれている活動は、ティンカリングスクールの体験を、少しだけご家庭にお分けするものであり、本書は、親子で出かける長い冒険の旅への招待状です。

　私たちが築き上げてきた今の社会を、すみずみまで見回してみてください。刃物類はすべて隠され、すべての溝や木はガードレールで囲われ、すべての床には滑り止め、先端の尖ったハサミは運転免許証を提示しないと買えない。これで社会は安全になったのでしょうか？　また、このまま行けば、将来、我々の子どもたちは、完全に危険のない生活が送れるようになるのでしょうか？　逆に、私たちが子どものころにしてきたような遊びやいたずらを、子どもたちから取り上げることはできるのでしょうか？　低刺激性の遊具によじ登った彼らの初々しい心に、大きな理想や夢が湧き出るのでしょうか？　私たちが子どものころ、節くれだち曲がりくねった木の棒を拾いあげ、その姿に胸騒ぎを覚えたときのように、プラスティックのおもちゃを手にした子どもたちの想像力は、ファンタシーの世界を駆けめぐるのでしょうか？　携帯電話のGPS追跡機能があればかならず無事に帰ってくると安心しきって、子どもだけを遠く行かせることができるようになるのでしょうか？

　もちろん、子どもたちを危険から守ることは必要です。それは社会人としての私たちが、子どもたちに約束していることです。しかし、それが過保護になってしまっては、子どもたちの危険に対する判断力が養われず、社会の責任が果たせません。私たちがするべきなのは、未知のもの（またはよくわからないもの）と、本当に危険なものとの区別をつけられるよう、子どもたちに学ばせることです。

　ここでちょっと意地悪な問題を出しましょう。あなたは、お子さんが何歳になったら、鋭利なナイフを与えて遊ばせることができますか？　その危険性について、じっくり考えてみてください。鋭利な先端を持つものを与えて、「気をつけて」と口を出すこともなく、安心して見ていられると思う年齢

に達するまで、2歳からひとつずつ歳を上げていってください。

「目を突く」といった光景を想像しましたか？ それは当然のことです。私たちの脳は、「尖ったもの」と聞くと、とっさにそう連想するようにプログラムされているからです。では次のことを考えてください。イヌイットには、幼児にナイフを与える習慣が一部に残っています。3歳児が床に座り鋭いナイフを使っている姿を想像してみてください。心臓が飛び出しそうになるでしょう。しかし、そんなイヌイットも、子どもを大切に思う気持ちは我々となんら変わりません。彼らの主食は大変に栄養に富むアザラシの脂身なのですが、とても固いために歯では噛み切れません。そこで、イヌイットの親は、子どもに鋭いナイフを持たせ、脂身を歯でくわえて片手で引っ張り、もう片方の手で切るという食べ方を教えます。このとき、ナイフの刃は子どもの鼻先数ミリのところを通過します。

では、幼稚園でナイフの使い方を教えるとしたらどうでしょう。教育委員会は、どんな種類のナイフを承認するでしょうか。私は、ナイフがプラスティックのフォークより危険なものだとは思っていません。反対に、同じぐらいに便利なものだと考えています。

現代社会を生き抜くために、読み書きと計算の能力は欠かせません。それは誰もが認めることです。幼児教育用に製作された本やテレビ番組は数多くありますが、それらは読み書きや数の数え方を学ぶための積み木のようなものです。あの手この手で巧妙に教育色を隠した幼児教育ゲームもあります。子ども受けのする内容で、外箱は両親や祖父母を信頼させるデザインで、その実は機械的に物事を教え込むというものです。しかし、そんなゲームも本もテレビ番組も、子どもに「力量」をつけさせるものは、そう多くありません。

話を整理しましょう。読み書きと計算の力は教えなければならない。まったくそのとおりです。しかし、読み書きと計算の力は、新たな知識を獲得するための、そしておそらく「力量」を育てるための窓口に過ぎません。森の中で育った子どもたちは、本で森のことを読んだだけの子どもよりも、実際の森の中で快適に過ごせるはずです。同じように、自分でたき火をおこしたり、木にのぼったりした経験のある子どものほうが、それをビデオで見ただけの子どもよりも、そこで目撃した物理現象を、ずっと深く、具体的に理解できます。

「力量」とは何でしょう。私は、現

実世界で困難な問題に遭遇したときに、うまく対処できる力だと考えています。力量が高い人は、問題の前後関係を調べ、必要な道具と素材を探し、いくつかの対策を考えます。そして、ひとつひとつの対策の核となるアイデアを簡単な実験で試し、もっとも有効な対策を固めます。力量のある人は、障害を乗り越える力があり、失敗を教訓として役立てることができます。そしてそれを、問題の対策作りに随時役立て、変化に対応していきます。力量のない人は、簡単でわかりやすい対策が見つからないと、すぐにあきらめてしまいます。または、最初の失敗でくじけてしまいます。

力量のある人は、物をいじくり回して仕掛けを探るくせがあります。彼らはよく質問をします。答が得られないときは、自分で答を見つけようとします。彼らにとって問題は、障害ではなくゲームなのです。彼らは、深くはなくても広範な知識を持っています。力量のある人は、自分に自信を持っています。力量は、自信を構成する部品のひとつなのです。なぜなら、ど

んな状況でも何が起きても対処できることが自信につながるからです。

　では、どうしたら子どもに力量をつけさせることができるでしょう？　私たちは、本当に危険なものか、それとも単に危険な要素を含むだけのものかを自分で調べる機会を、慎重にしっかりと管理された公開の場で、子どもたちに与えることにしています。私たちはそこで、子どもたちに安全を探る技を教え、探求の道を自力で歩くための指導をしているのです。

　つまり本書は、タイトルから受ける印象とは反対に、安全を考えるための本なのです。すべての活動には危険な要素が含まれています。どうかこの本を足がかりにして、子どもたちと危険について語り合ってください。私たちは、ここに提示した活動を安全に行えるよう、計画、段階的な実行、適切な予防措置という「足場」を組んで危険を和らげています。子どもたちに木登りの訓練をさせましょう。そうすれば安全に木に登る方法を子どもたちは学びます。木登りを禁止したところで、子どもたちは勝手にやるでしょう。しかしそのときは、非常に危険な登り方をする恐れがあります。あるいは、木登りがきらいな子どもになるかも……。そのほうが悲惨です。

　これは、絶対に従わなければならない指示書ではありません。あくまでもガイドラインです。やってみると、かならず予定通りにいかない場面に遭遇するでしょう。現実世界では、問題の解決にちょうどいい長さのロープなどは存在しません。完璧な道具もありません。部品の足りない機械を工夫して動くようにしたり、ダメで元々のところをがんばる。それが、「ティンカリング」の本質なのです*。

「年齢」について

　子どもはみなそれぞれです。あなたのお子さんにも、他の子どもより秀でた部分と、劣った部分があるはずです。この本にはたくさんの活動が紹介されています。そのうち、今行うべきもの、または、もっと大きくなってから、あるいは経験を積んでから行うべきものかは、あなたとお子さんとで判断してください。今は無理だと思われる活動については、そのページの

---

*訳注：ティンカリング（Tinkering）：ものをいじくりまわすこと。もともとは、その場しのぎの修理という意味があるが、現在では、楽しみながら機械をいじったり、修理、改造、発明をするといった意味で使われることが多い。

記録欄に、実行するための条件を書いておいてください。そうしておけば、「何歳になったら」「身長がどれくらいになったら」「どれだけ責任感がついたら」できるのかと、お子さんからしつこく質問されることもないでしょう。

「なぜ」について

なぜ子どもの指を接着剤でくっつける必要があるのかと、あなたは疑問に思うかもしれません。本書の巻末には「なぜ」と題されたコーナーがあります。それぞれの活動ごとに、それを実行することの意義が書かれています。これは、あなたに考えていただきたい問題の提起でもあります。それには、実用的な技術の習得（火をおこす技術は役に立ちます）から、もっと情緒的なもの（星空の下で寝るのは素晴らしい体験です）までいろいろです。あなたなら、もっといい理由を思いつくかもしれません。反対に、私たちの理由に異議があるかもしれません。少なくともこれは、お子さんと話し合いのきっかけになるはずです。

「ティンカリング」について

お子さんを「ティンカラー（Tinkerer）」として育てたいなら、あなたの指導や手助けが欠かせません。

ただし、助けが必要になったときは、やり方を教えてやりたい衝動をぐっとこらえて、ロボットになって、お子さんに言われたことだけを手伝ってください（もちろん非常事態は別です）。どうか、子どものための、大きくて強くて器用な道具にやってやってください。そして何より大切なのは、子どもたちに失敗を体験させることです。失敗のあと、なぜ失敗したか、どうしたら失敗を避けられるかを一緒に考えてください。最初からやり直しという選択肢もあるでしょう。

あなたはスーパーヒーローです。あなたが授かった管理能力を賢明に使ってください。そんなあなたを見て驚くのは、お子さんだけではありません。あなた自身も驚かれることでしょう。

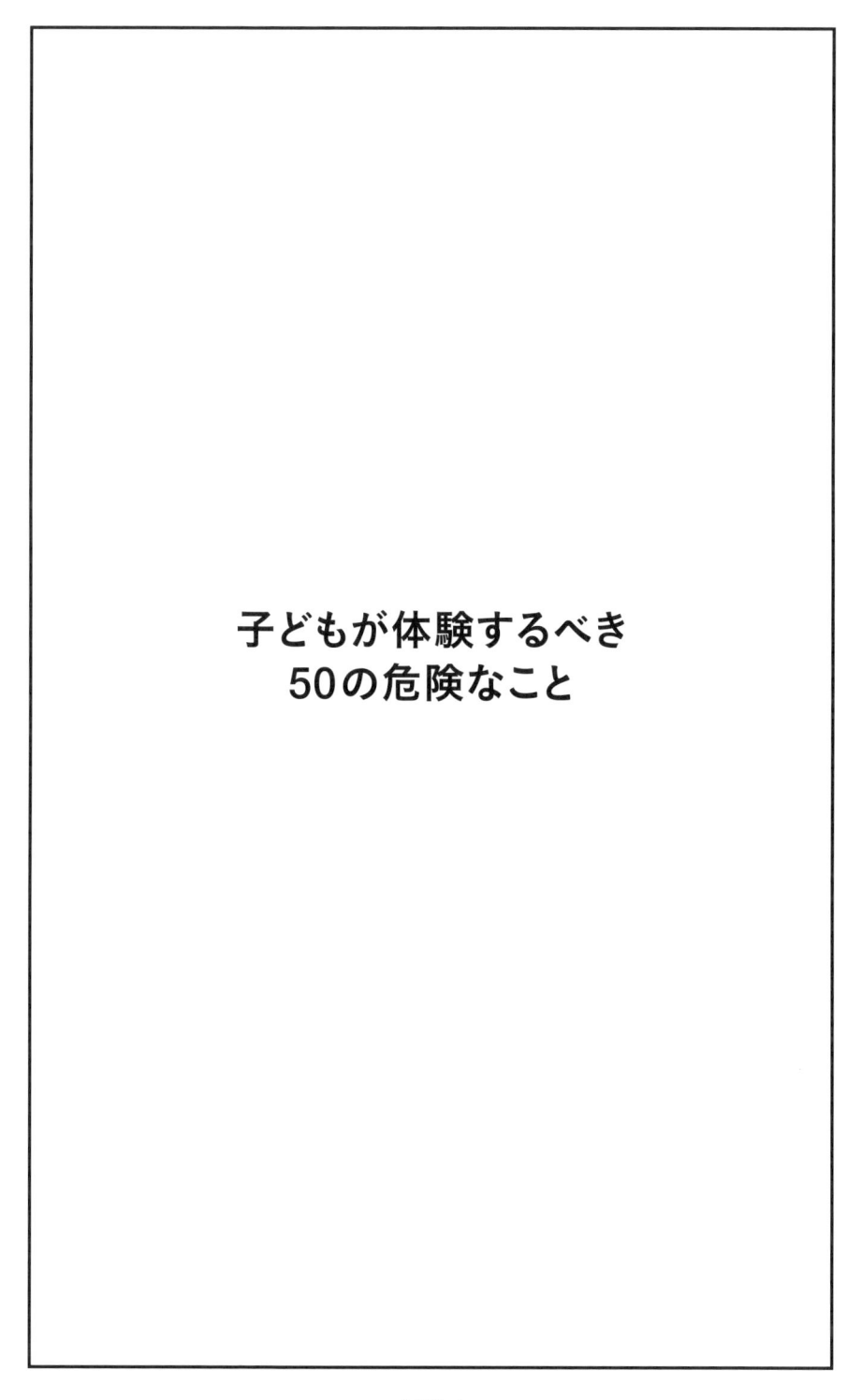

子どもが体験するべき
50の危険なこと

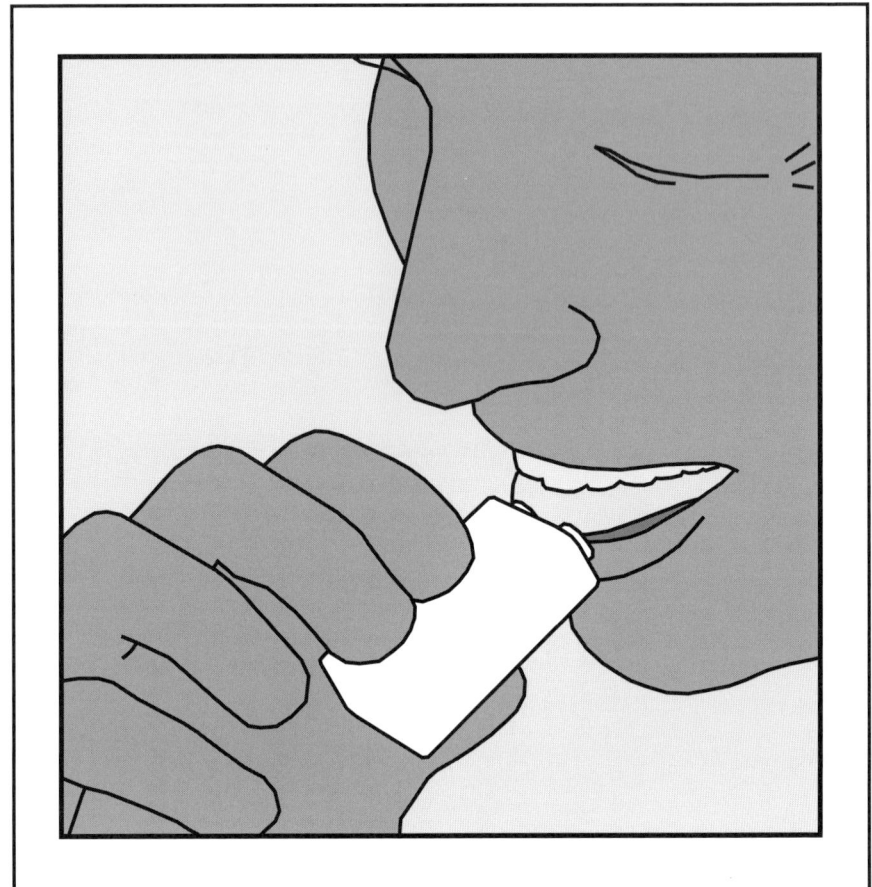

01
9ボルト電池をなめてみよう
電気の味見をする。

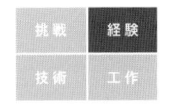

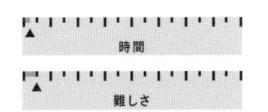

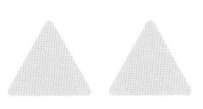

挑戦	経験
技術	工作

時間
難しさ

電気ショック

01 9ボルト電池を舐めてみよう

必要なもの

☐ 9ボルト乾電池

警告

電池に舌を当てる時間は、1回につき2秒以内にしてください。

やってみよう

電気ショックを感じる実験です。痛いほどの刺激はありませんが、変な感じがします。

1. 電極を上にして電池を持つ。
2. 舌を出す。
3. 息を深く吸い込む。
4. お花畑の中をカンガルーが跳び回る光景を想像する。これは不安をやわらげるための行動なので、なんでも好きなことを想像してください。
5. 2つの電極を同時に舌に押し当てて、すぐにはなす。
6. 1秒以上待ってから、もう一度やってみる。

これをやったことのない人に、どうだったかを言葉で説明してみましょう。どんな味なのか、またはどんな感じがするのかなどです。

これと同じような感覚は、アルミホイルを丸めて歯で何秒間かかんでも感じられます（飲み込まないようにね！）。アルミホイルはだ液に含まれる酸にふれると弱い電気を発生します。歯に金属の詰め物をしている人は、それを伝って近くの神経に電気が流れるために、歯がうずくことがあります。

もっとくわしく

物を食べると、舌の「味蕾(みらい)」の中にある化学物質の受容体から味の信号が神経に送られます。舌の表面には、特定の味を感じる部分が別れて分布しています。電池そのものは無味ですが、電極間を流れる電流がでたらめな信号を舌の神経に送るため、変な感覚が増大されて伝わります。それは、味としては感じら

01 9ボルト電池を舐めてみよう

れないかもしれません。

　舌は、生物のもっとも古い感覚器官のひとつです。あらゆるものが溶け込んだスープのような海の中で暮らす原始の多細胞生物にとって、口に入ったものが食べ物かどうかを判断するものとして、味覚はとても大切な器官でした。人間も、舌の神経は、ほかの神経系とは別の特別な近道を通って脳に直接つながっています。

　大昔、素焼きの壺に銅と鉛の板を入れて電池が作られていた可能性があります。現在のバグダッドの近くの2000年前の村の遺跡に、その跡が発見されました。考古学者によれば、電解液にはレモンジュースが使われていたとのことです。近年、その電池が復元されましたが、ちゃんと電気を発生しました。

記　録	気づいたこと、工夫したこと、新しいアイデアなど。	

進行
日付：＿＿＿年＿＿＿月＿＿＿日　できた！　☐

02
あられの中で遊ぼう
母なる自然に身をさらす。

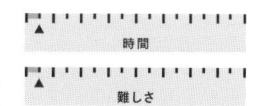

| 経験 |
| 時間 |
| 難しさ |

痛い　寒い　物が飛んでくる

02 あられの中で遊ぼう

必要なもの

☐ あられ ☐ ボウル ☐ 雨具 ☐ 手袋またはキッチンミトン

警告

あられには、いろいろなサイズがあります。細かい粒のときもあれば、グレープフルーツほどの大きさ（ひょう）のこともあります。あられがグリーンピースよりも大きいときは、外に出ないようにしましょう。

あられの日には雷が鳴ることもあります。雷の音が聞こえたり、天気予報で雷があると言われたら、絶対に金属をかぶって外に出てはいけません。

やってみよう

1. **ボウルを用意する。**料理に使うステンレスのボウルがよい。プラスチックのボウルも使える。クッキーシートでもいいが、風の強い日は両手でしっかり押さえておくこと。
2. **服装を整える。**レインコートを着て、手袋をする。キッチンミトンでもよい。あられが当たっても痛くないズボンをはく。ボウルを頭にかぶる。
3. **外に出る。**風がなければ、ボウルを頭にかぶせて、手を放して立ってみよう。あられがボウルに当たる音が楽しめる。

　傘を使ってもいいけど、こっちのほうが、ずっとおもしろそうでしょう？　世の中には、正しい方法よりも、楽しい方法のほうが勝つことがあります。降ってくるひょうを集めたいときは、ボウルに入れるより、タオルなどのほうが取りやすいでしょう。

もっとくわしく

　あられは、大きな雨雲の中で激しい上昇気流で上空に運ばれた雨粒が凍って落ちてくるものです。粒が落ちる前に再び上昇気流で持ち上げられると、粒の周囲に新しい氷の層ができます。これを繰り返すことで、あられは成長します。大きなものを切って断面を見ると、タマネギのような層が見えます。その層の数が、雲の中を行き来した回数です。

02 あられの中で遊ぼう

　雲の中で氷の粒同士がくっついて、不規則な形の塊になることもあります。これを「ウェットグロウス」と呼びます。アメリカで記録された最大のものは、直径17.8センチ、重さ227グラムありました。

　気象学者は研究のためにドライアイスにひょうを入れて保存していますが、水を零度以下で保存すると起こる昇華によって、やがて消えてしまいます。

記　　録	気づいたこと、工夫したこと、新しいアイデアなど。

進行
日付：＿＿＿年＿＿＿月＿＿＿日　できた！

03
完ぺきなでんぐり返しを決めよう
学校で禁止される前にマスターする。

03 完ぺきなでんぐり返しを決めよう

必要なもの

☐ 芝生または柔らかい床

警告

新しい技を覚えるとき、特に地面に体を投げ出すような技のときは、まずゆっくりと、ひとつひとつの動きを考えて、確認しながら行います。ここで挑戦するのは前転です。宙返りではありません。

やってみよう

でんぐり返しがなんの役に立つのかと思うでしょう。しかし、これを練習すれば、転んだときなどに、自然にでんぐり返しをして体を守れるようになり、手やひざをついてケガをすることが少なくなります。

1. **広くて平らで、小石や木の枝などがない、安全な場所を探す。**
2. **片足を少しだけ前に出して立つ。**
3. **回転を始める。** 前かがみになって、あごを引き、体全体がボールになったような気持ちで前に体をたおす。地面が近づいてきたら、両手を地面につける。
4. **転がる。** そのまま体を丸めて倒れつづけ、肩の後ろの背中の広い部分を地面につける。頭が先についてしまうときは、もっと体を丸める。背中から落ちるようにドスンと地面につくときは、手を突く場所が近すぎる。
5. **そのまま転がる。** 勢いを殺さないように転がりつづけて、最後に足で立つ。

うまく足で立てるようになるまで、ステップ2からステップ5を繰り返し練習しましょう。体操の技はどれもそうですが、前転もたくさん練習してやっとできるのが普通です。

この体操から学ぶのは、体をひっくり返しても目をまわさなくなることです。目をまわすのは、脳の中にある前庭器官とよばれる、上と下の方向を体に教えるための器官が混乱するためです。

うまくできるようになったら、2回とか3回、続けてまわってみてください。前庭器官はどんなふうになるでしょう。それでもまだ目がまわらないときは、目を閉

03 完ぺきなでんぐり返しを決めよう

じて前転してみましょう。

もっとくわしく

　世の中には、ケガをするといけないという理由で、前転や腕立て側転を禁止している学校があります。不安に基づく判断の典型です。前転で子どもがケガをするのは想像するだけでも耐えられない。だから、正しい方法を子どもに教えるのではなく「やめさせよう」という発想です。

　前転は、背中を地面につけて回転します。腕立て側転は両手だけが地面につきます。宙返りは足以外の体の部分を一切つきません。

　前転の世界記録は、アシュリタ・ファーマンが打ち立てた、19.6キロメートル以上の距離を前転で移動したというものです。8341回、ノンストップでまわりました。

記　録	気づいたこと、工夫したこと、新しいアイデアなど。

進行
日付：＿＿＿年＿＿＿月＿＿＿日　できた！

04

フランス人のように
キスであいさつしよう

Faire la bise.（キスしましょ）

挑戦	経験
技術	工作

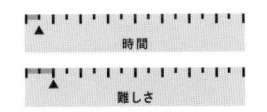

時間
難しさ

気持ち悪い　ひっぱたかれる　はずかしい

04 フランス人のようにキスであいさつしよう

必要なもの

☐ だれか別の人

警告

だれかにキスをするときは、かならず、キスしていいかどうか聞きましょう。

やってみよう

　このようなあいさつは、くだけた場でかわされます。かしこまった場所ではあまりしません。

1. この実験の相手をしてくれる人を探す。
2. ２歩離れて立つ。
3. 「ボンジュール！」と言ってたがいに１歩近づく。
4. 右手を相手の左肩に置く。
5. 頭を少し右にかたむけ、自分の左のほっぺたが相手の右のほっぺたにさわるように前かがみになる。
6. くちびるで「チュッ」と音を立てる。または、ちょっと顔を左に向けて相手のほっぺたにキスをする。
7. もとの位置にもどる。
8. 頭を少し左にかたむけ、自分の右のほっぺたが相手の左のほっぺたにさわるように前かがみになる。
9. くちびるで「チュッ」と音を立てる。または、ちょっと顔を右に向けて相手のほっぺたにキスをする。

　フランスをはじめとするヨーロッパの各地では、こうしたあいさつを友だちや、初めて会った人にします。しかしアメリカでは、あまり親しくない人にこれをすると、変な人だと思われます。はずかしい気持ちは、大きく２つの原因から出てきます。個人的には、自分が人前にさらけ出されたとき。仕事の場では、自分の能力や知識が不足しているときです。こうしたはずかしい気持ちは、ユーモアのセンスでふりはらうことができます。よく「笑いとばす」と言われるやつです。自分のはずかしい気持ちを笑いとばせば、自信がわいてきます。

04 フランス人のようにキスであいさつしよう

> もっとくわしく

　握手の起源は、見知らぬ相手に自分の手の平を見せるという古代の習慣です。手の平を見せて、武器を持っていないことを示すのです。とくに言葉の通じない相手には重要なサインです。

　動物行動学の研究者は、人間の成人同士のあいさつと、サルやイヌのあいさつには非常に似通った部分があると言っています。よく知られているのは、イヌの群れのボスが新入りに対して肉体的な優位性を示す行動ですが、相手の手を握りつぶさんばかりに握手に力を入れて喜んでいる人（おもに男性）は、イヌなみだということです。

　周囲の人との間に最低限とっておきたい距離のことを「パーソナルスペース」と言います。ちなみに、世界でいちばん広いパーソナルスペースを欲するのは北米の住民だそうです。

記　録	気づいたこと、工夫したこと、新しいアイデアなど。

進行
日付：＿＿＿年＿＿＿月＿＿＿日　できた！

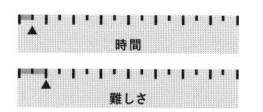

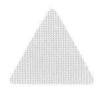

05
車の窓から手を出してみよう
鳥のように空気を感じる。

挑戦	経験
技術	工作

時間
難しさ

腕を失う　骨を折る

05 窓から手を出してみよう

必要なもの

☐ 窓が開く乗り物 ☐ 広くて誰もいない道

警告

砂利道で手を出すのは大変に危険です。窓から出した手が、人や他の車両などにふれないよう十分に安全なスペースを確保してください。手を出す前に、ドアをロックしてください。また、標識や街路樹などに手をぶつけないように、十分に気をつけてください。運転者は制限速度を守ってください。窓を開けるときは、かならず運転者の指示に従ってください。

やってみよう

1. **準備。** 車に乗り、左側（運転席の反対側）に座る。車が広い道に出て、運転者が合図してくれたら窓を開ける。時速60キロぐらいがちょうどよい。
2. **手を出す。** 指をそろえて手の平を下にして窓の外に手を出して、手の上と下を流れる風を感じとる。助手席に座っているときは、ドアミラーより外に腕を伸ばす。
3. **風の力を感じる。** 手の平の角度を変えて、風に持ち上げられたり、押し下げられたりする感覚を味わう。指を開いたり閉じたりして、風に持ち上げられる感じが変わるかどうか確かめる。
4. **実験してみよう。** 手の指を開いたり閉じたりしてみる。風の力を強く感じるのはどっちかな？　腕が下に押されるようになるには、手をどの角度にすればよいかな？　窓のまわりで、風が強いところと弱いところを探してみよう。

　私たちの体は空気に包まれています。海水面では、1平方センチメートルあたり1キログラムの圧力がかかっています。しかし、空気の中にいることになれている私たちは、ほとんど空気の存在を感じていません。

もっとくわしく

　風洞実験装置は、今から300年ほど前に、翼の実験のために発明されました。実験用の翼を内部に固定し、風を受けてどれだけ浮き上がるか（または浮

05 窓から手を出してみよう

き上がらないか)を評価しました。この試みが、あらゆる乗り物や建物の空力特性の試験の基礎になっています。

　風洞装置を縦にして、スカイダイビングのシミュレーションも行われています。超高層ビルは、3つの力に対処できるように設計されています。ひとつは固定荷重(建物自体の重量)、ひとつは積載荷重(建物の中に入るものの重量)、もうひとつが風加重(建物の側面を押す風の力)です。高い建物になると、風加重がいちばん大きな力となります。

　地球上で観測された最大風速は、秒速103.3メートル。木星の風速は、秒速180メートルと言われています。

　空気抵抗は、乗り物の燃費に大きな影響を与えます。自動車の燃費の半分は、空気を押しのけるためのものです。

日本の読者へ

　日本では、多くの都道府県の条例で身体や物を車の中から道路に出すことを禁じています。この実験は、人や車の通らない広い駐車場などの私有地で、管理者の許可を得て行ってください。

記　録	気づいたこと、工夫したこと、新しいアイデアなど。	

進行
日付:＿＿＿年＿＿＿月＿＿＿日　できた!　☐

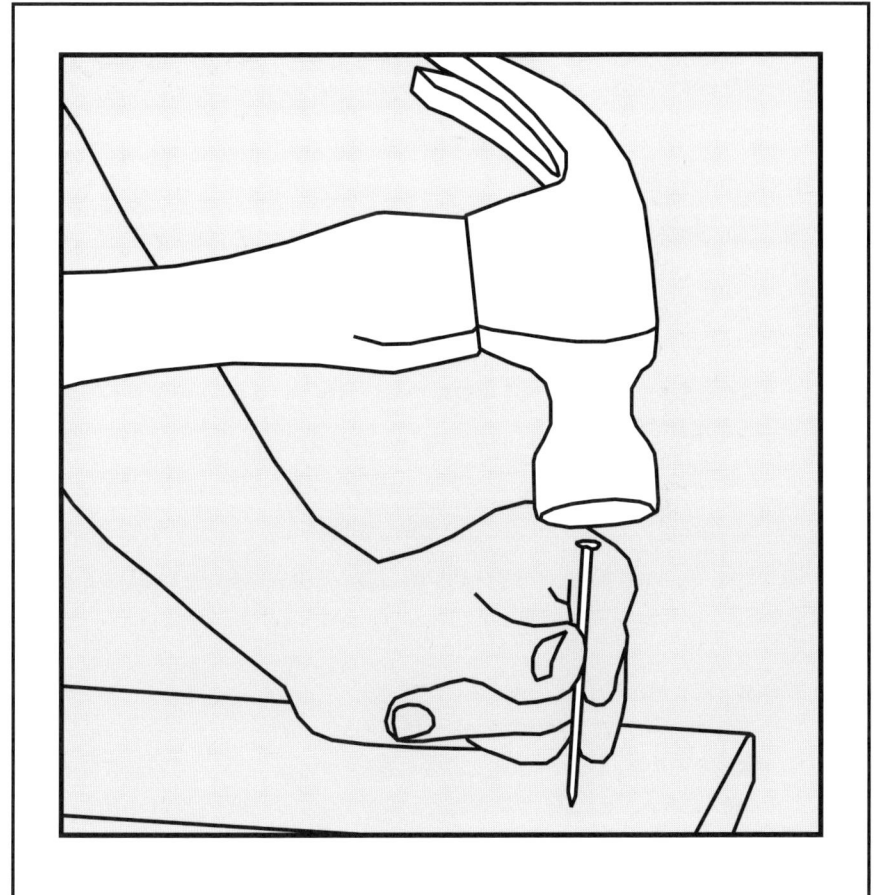

06
釘を打とう
ハンマーでものをたたく技術をマスターする。

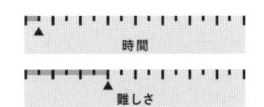

挑戦	経験
技術	工作

時間
難しさ

目が見えなくなる　イライラ　ケガ

06 釘を打とう

必要なもの

☐ ハンマー ☐ 釘（5センチぐらいのもの）
☐ 木の板（合成板でないもの。柔らかい針葉樹がよい） ☐ 保護めがね

警　告

打ちどころが悪いと、釘ははねて思わぬ方向へ飛んでいきます。かならず保護めがねを着用してください。

やってみよう

　はじめは、うまくできずにイライラするでしょう。何度も指をたたいてしまったときなどは、ほんとうに腹が立ちます。ゆっくり、あせらずやりましょう。

1. **準備**。穴を開けたり汚したりしても大丈夫な、平らな作業台を用意する。床や家具を傷つけることがあるので、外でやろう。
2. **材料をそろえる**。1センチ以上の厚さのある木の板を用意して、釘の袋を近くに置く。ホームセンターや材木店で、端材をゆずってもらうとよい。
3. **保護めがねをかける**。
4. **ハンマーの柄をにぎる**。まず、ハンマーが斜めにならないバランスのいいところを探し、そこから少しだけ後ろをにぎる。ちょっとだけハンマーの頭が下がる感じ。しっかりにぎろう。ただし、手首とひじに力を入れすぎないこと。
5. **釘をセットする**。ハンマーを持っていないほうの手のひとさし指と親指で釘をつまみ、とがった先を板に押しつける。手をはなしても釘が立つぐらいまで、軽く釘の頭をたたく。釘から手をはなして、その手で板をしっかりとおさえる。
6. **たたく**。釘の頭をたたく。釘が板に入っていくのが目で見てわかるぐらいに、だんだん力を入れてたたく。

　トントントンと釘を立てて、ガンガンガンと打ち込む動作がスムースにできるようになるまで練習しよう。次に、2枚の板を釘でとめてみよう。さらに、座ってもこわれない椅子を作ってみよう。

06 釘を打とう

もっとくわしく

　アメリカでは釘のサイズを「ペニー」という単位で表します。アメリカ建国のずっと前、今から500年前にイギリスで始まった習慣で、「d」という記号を使います。こちらはペニー硬貨によく似たローマの硬貨の名前から来ています。当時は釘100本の値段が何ペニーかで釘のサイズを表していたのです。今でもアメリカの金物屋さんでは、2インチ（約5センチ）の長さの釘は6ペニーというように使われています。しかし、アメリカ以外の国では、イギリスも含め、長さと直径をミリメートルで示すことになっています。

　釘は、2つの木材を、手早く強力につなげる方法です。一方、ネジは、あとで外せるという利点があります。プロの大工は、ネジよりも釘を好みます。作業が早く、値段も安いからです。

　昔は鍛冶（かじ）職人が1本1本釘を作っていました。古い建物に残っている古い釘は、コレクションの対象にもなっています。昔の特徴的な釘のなかには、誰が作ったかまでわかるものがあるそうです。

記　　録	気づいたこと、工夫したこと、新しいアイデアなど。	✎

進行
日付：＿＿＿年＿＿＿月＿＿＿日　できた！　☐

07

車を運転しよう

1トンの鉄の塊（かたまり）を動かす。

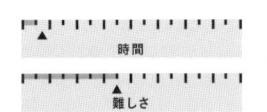

07 車を運転しよう

必要なもの

□自動車 □だれもいない駐車場 □大人

警告

速度はゆっくりを守り、物や人から離れた場所で行ってください。駐車場にほかの車が入ってきたら、すぐに中止してください。

やってみよう

　車の運転は遊びではありません。大人が運転しているところをよく見て学び、あなたにならできそうだと大人にみとめてもらいましょう。

1. **場所を選ぶ**。ほかに車が1台もない広い駐車場か、平らで安全な場所を探す。物にぶつかる心配のない、できるだけ広い場所がよい。そこまで大人に運転して来てもらい、前方になにもないところでとめて、エンジンを切ってもらう。
2. **運転席に座る**。ペダルやチェンジレバーは大人が操作する。シートを後ろにずらして大人が座り、ひざの上にあなたが座ってハンドルを動かす。緊急の場合には、大人がすぐにハンドルをとれるようにしておく。動かしていいもの、さわってはいけないものを、大人に聞いて確かめておく。
3. **準備する**。大人にエンジンをかけてもらう。まだブレーキは踏んだまま。あなたが運転者なので、深呼吸をして落ち着こう。準備ができたら、大人に車をゆっくりと出すように言う。
4. **ハンドルをまわす**。車が動きだしたら、ハンドルを少しまわして曲がってみる。ハンドルを回すと車がどう動くかを確かめる。
5. **運転する**。なれてきたら、標識や車線などの目印を使って、どこをどう走るか計画を立てて、やってみる。計画どおりに動かせるか、車線にそって走れるかを試す。

　ゴールを決めて運転してみよう。たとえば、街灯が立っていたら、あの2本の街灯の間を走る、というふうに。

07 車を運転しよう

> もっとくわしく

　私有地の中なら子どもが運転しても法律違反にはなりません。

　公道を運転できるのは、運転免許証を持っている人だけです。思想、信教、表現の自由とは憲法で保障されており、誰もこれを奪うことはできませんが、運転免許証は、車で無責任なことをすれば、すぐに取り上げられてしまいます。

　公道を、ほかの車といっしょに走るのは、この本に書かれているどの活動よりも、ずっと危険なことなのです。

> 日本の読者へ

　日本でも、運転免許を持たない人が道路で車を運転することは道路交通法で禁止されています。この実験は、人や車の通らない広い駐車場などの私有地で、管理者の許可を得て行ってください。

記　録	気づいたこと、工夫したこと、新しいアイデアなど。

進行
日付：＿＿＿年＿＿＿月＿＿＿日　できた！ ☐

08
やりを投げよう
本能を目覚めさせる。

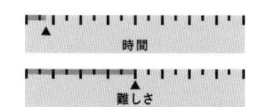

08 やりを投げよう

必要なもの

□ まっすぐな棒　□ 人や動物やこわれたら困るものが近くない広い場所

警告

やりが飛んでいった先に、たまたま人が来てビックリさせてしまうことがないように、広い場所を選ぼう。手にトゲがささらないように、棒は表面がなめらかなものを使うこと。

やってみよう

　固くてしっかりしていれば、まっすぐで長い棒ならなんでも使えます。ホウキの柄、プラスティックのパイプなど、長さはあなたの身長より少し長いくらい。短いよりは、長すぎるくらいのほうがよいでしょう。あまり重すぎないことも大切です。

1. **持つ位置を決める。**棒の真ん中へんを持ってバランスをとる。手の平にのせたときに、バランスがとれて落ちないところを探して、しっかりと握る。
2. **投げる。**耳の高さで、棒を平らにして持つ。3歩助走をつけて、やりを持った手と反対側の足を踏みだし、その足を軸にして体をひねり、やりを投げ出す。
3. **練習する。**地面の一点を決めて、そこを的にする。近くからやりをなげて、簡単に的に当たるようになったら、数歩下がって練習する。そこからも当てられるようになったら、また数歩下がって練習する。

　やりは、もっとも原始的な技術革新だったと言えます。最初の武器は石でした。やがてだれかが棒を投げました。それは石のようにくるくる回らず、まっすぐに飛んで地面にささりました。「これだ！」そんな人類の歴史上とっても重要な瞬間は時間の砂のなかにうもれてしまいましたが、それは、いろいろ試してみることの大切さを今に伝えています。

08 やりを投げよう

> もっとくわしく

　今わかっているなかで最古のやりは、40万年前のものです。木の棒は朽ちてしまうために、それより古いものはなかなか見つからないのですが、500万年前に、すでに人類はやりを使っていたと言う研究者もいます。

　アンドレアス・トルキルドセンは2008年夏のオリンピックで90メートル57センチを記録して金メダルを獲得しました。

　アステカの人々は、アトラトルと呼ばれる道具でやりを投げていました。先がスプーンのようにくぼんでいる棒で、これを使うと、やりを時速160キロメートル以上で飛ばすことができます。

記　録	気づいたこと、工夫したこと、新しいアイデアなど。

進行
日付：＿＿＿年＿＿＿月＿＿＿日　できた！ ☑

09
ポリ袋爆弾を作ろう
何かを爆発させる。

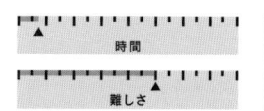

挑戦	経験
技術	工作

時間
難しさ

ちらかる　目が見えなくなる　人の物をこわす

09 ポリ袋爆弾を作ろう

必要なもの

□ ジッパー付きポリ袋 □ 計量スプーンと計量カップ □ 重曹(じゅうそう) □ 酢
□ ぬるま湯 □ ペーパータオル □ 保護めがね

警告

爆発によってふくろの中身があちこちに飛びちります。保護めがねで目を守ってください。酢と重曹は生地などを漂白することがあります。屋外か、お風呂場で実験しましょう。

やってみよう

　反応しやすい2つの物質を、袋を閉じるまで、たがいにふれないようにしておきます。

1. **反応剤を用意する。** ペーパータオルの真ん中に大さじ2杯の重曹を置き、3センチ角ぐらいの大きさにたたむ。
2. **酢を用意する。** ポリ袋を開き、酢120cc、ぬるま湯60ccを入れる。お湯で温めると反応が激しくなるので、お湯を入れることで爆発力が大きくなる。
3. **組み立てる。** 重曹を包んだ紙を、中の酢にふれないようにポリ袋の口のあたりに入れて、手でおさえながらジッパーを閉じる。
4. **投げる。** 袋を投げて、すぐに逃げる。

　投げたあと、袋が爆発しないときは、なぜ爆発しないのかを調べて、考えてみよう。袋はふくらんだが爆発はしなかったのか。重曹は全部がちゃんと酢につかっているか、それとも重曹を包んだ紙はぬれずに残っているか。すべての重曹がしっかり溶けているか、など。

　酢の濃さは、メーカーによってばらばらです。酢と湯と重曹の分量をいろいろ変えて、うまくいく割合を探してください。

09 ポリ袋爆弾を作ろう

> **もっとくわしく**

　重曹と酢の中の酸が反応して、大気の成分でもある二酸化炭素が発生します。これは吸熱反応、つまり、周囲の熱エネルギーによって反応が早まるものなので、お湯を入れます。この反対が、発熱反応です。炎、花火、発煙筒など、熱を発生する反応です。

　化学反応の応用の歴史は、4000年前のエジプトにさかのぼりますが、現在の化学の体系が確立したのは1700年代になってからでした。1774年、アントワーヌ・ラヴォアジエは、2つの物質（酢と重曹のように）を反応させると、新しい物質は作られず、成分の組み替えが行われるだけだという説を発表しました。この考えは、「質量保存の法則」として知られるようになります。これにより、化学反応が目に見えない不思議な力によるものという古い考え方は消え、現代の化学が発展したのです。

記　　録	気づいたこと、工夫したこと、新しいアイデアなど。

進行
日付：＿＿＿年＿＿＿月＿＿＿日　できた！

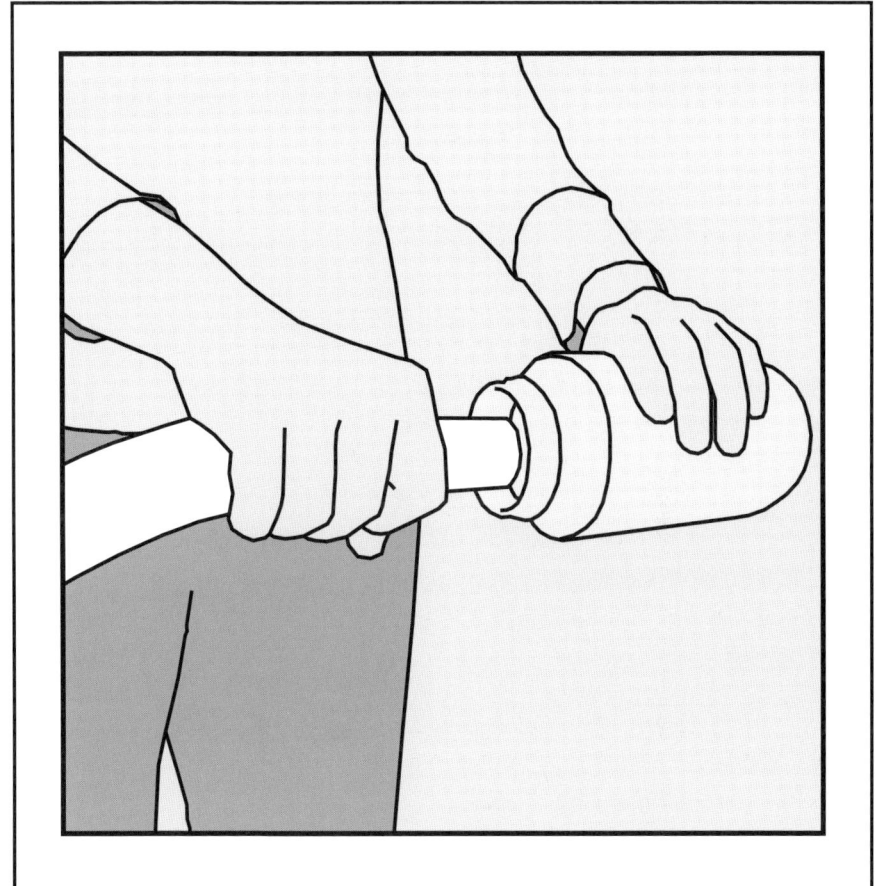

10
電気掃除機で遊ぼう
掃除が楽しくなる。

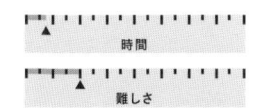

挑戦　経験
技術　工作

時間
難しさ

うるさい　あざ　目が見えなくなる

10 電気掃除機で遊ぼう

必要なもの

□ 広口ビン □ 細く切った紙 □ ピンポン玉 □ 電気掃除機
□ 新しい紙パック

警　告

掃除機のホースを絶対に顔に近づけないこと。衛生的でないうえに、強力な吸う力が目などに重大な危険を及ぼします。

やってみよう

　掃除機の実験を始める前に、紙パックを新しいものと交換しておきましょう。掃除機で遊ぶと、たくさんの発見ができますが、ここではその中のいくつかをやってみましょう。

◎ビンサイレン
1. 広口ビンのふたをとる。ビンの口は、掃除機のホースが入るくらいの大きさが必要だが、広すぎてもいけない。
2. 掃除機のスイッチを入れて、ホースをビンの中に入れる。
3. ビンの口にふれないように、ゆっくりとホースを引き出す。ホースの先がビンの口と同じ位置になったら、そのあたりでホースの位置を調整すると、大きな音が鳴る。

◎ブーブーリボン
1. 紙を、幅はホースの直径の半分ぐらい、長さは30センチぐらいで細長く切る。
2. 掃除機のスイッチを入れる。
3. 紙のはしを手に持ち、もう片方のはしをホースに吸わせる。紙をしっかり持ったまま、ホースの奥に紙を入れていくと、ブーブーと鳴り出す場所がある。位置を動かして、いちばん大きく鳴るところを探そう。

◎浮くボール
1. ホースを掃除機の吹き出し口につけかえる。吹き出し口にホースがつけられないタイプもあるので注意。

10 電気掃除機で遊ぼう

2. 掃除機のスイッチを入れて、ホースをまっすぐ上に向けて持つ。
3. 上に吹き出す風の中にピンポン玉を置く。風が強すぎて玉が飛んでいってしまうときは、吸い込み口を半分ぐらい何かでふさいで、風量を調整する。

もっとくわしく

　掃除機は空気を吸い取っているわけではありません。空気を吸い取るということは、実際には不可能です。掃除機は送風機を回して空気を押し出しているのです。それによって掃除機の中の気圧が下がります。すると吸い込み口から、中の気圧を普通にもどそうとして空気が入ってくるのです。

　大きな荷物をトラックの荷台に固定するときに、平らなナイロンの帯を使うことがあります。よく見ると、平らな帯がひねってあることがあります。それは走っているときの風でブーブー鳴らないようにするための工夫です。

記　録	気づいたこと、工夫したこと、新しいアイデアなど。

進行
日付：＿＿年＿＿月＿＿日　できた！

11
石を投げよう
原始人になる。

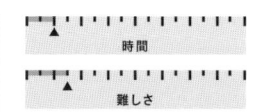

11 石を投げよう

必要なもの

☐ 石　☐ 広い場所（人や動物やこわれて困るものがないところ）

警　告

石が落ちるところが見えない場所では、絶対に投げないこと。人や動物が出てくるかもしれないと思ったところへは絶対に投げないこと。ひろった石ひとつひとつに責任を持つこと。

やってみよう

　石を投げるには練習が必要です。はじめは、ぎこちない感じがするでしょうが、何度も練習するうちに、自然に投げられるようになります。

1. **準備する。** 思いっきり石を投げても大丈夫な広い場所を探す。手ごろな石がたくさんある場所がよい。親指と人さし指で作った輪と同じぐらいの大きさの石をひろう。
2. **的を決める。** なんでもよいが、空き缶や、棒の先にボール紙をつけて胸の高さぐらいに立てたものがあると、当たったかどうかがわかりやすいため、よい練習になる。
3. **ねらう。** 的から10歩ほど離れて立つ。親指、人さし指、中指の3本で石を軽くにぎる。的を見る。これから投げ終わるまで、的から目をはなさないように。
4. **石を投げる。** 的の上を飛んでいったか、下に落ちたかなど、石がどこへ飛んだかをよく見る。的に当てることより、まずはしっかり投げられるように練習する。

　10歩のところから的に当たるようになったら、2歩さがってまた練習する。そうやって20歩離れても的に当てられるようにしよう。

　練習を続けていると、いろいろなコツがわかってきます。そうしたコツは、時間をかけて練習をするうちに自然に気づくものですが、自分で研究してわかることもあります。

　うまい人が投げているところをよく観察しましょう。足の位置、手の使い方など、細かいところに大きな進歩のためのヒントがあります。

11 石を投げよう

> **もっとくわしく**

　夜、ベッドで寝ている間でも、石投げがうまくなることができます。頭で想像するだけでも技術は上達するという研究報告があるのです。実際に練習するのと同じくらいの効果があるということです。目を閉じて、石をひろって、その重さを感じて、的に向かって投げるところを、できるだけリアルに想像してみてください。

　投げた石が飛んでいくときに描く曲線は、数学の言葉で放物線と言います。この曲線は、地球の重力と空気の抵抗が合わさって作られます。もし、宇宙空間で石を投げたとしたら、石はまっすぐに飛んで行きます。永遠にね。

　地質学では、石には3つのタイプがあるとされています。火成岩(かせいがん)、堆積岩(たいせきがん)、変成岩(へんせいがん)です。火成岩は、火から生まれた石という意味です。つまり、マグマから生まれた石ということです。

記　録	気づいたこと、工夫したこと、新しいアイデアなど。	✎

進行
日付：＿＿＿年＿＿＿月＿＿＿日　できた！

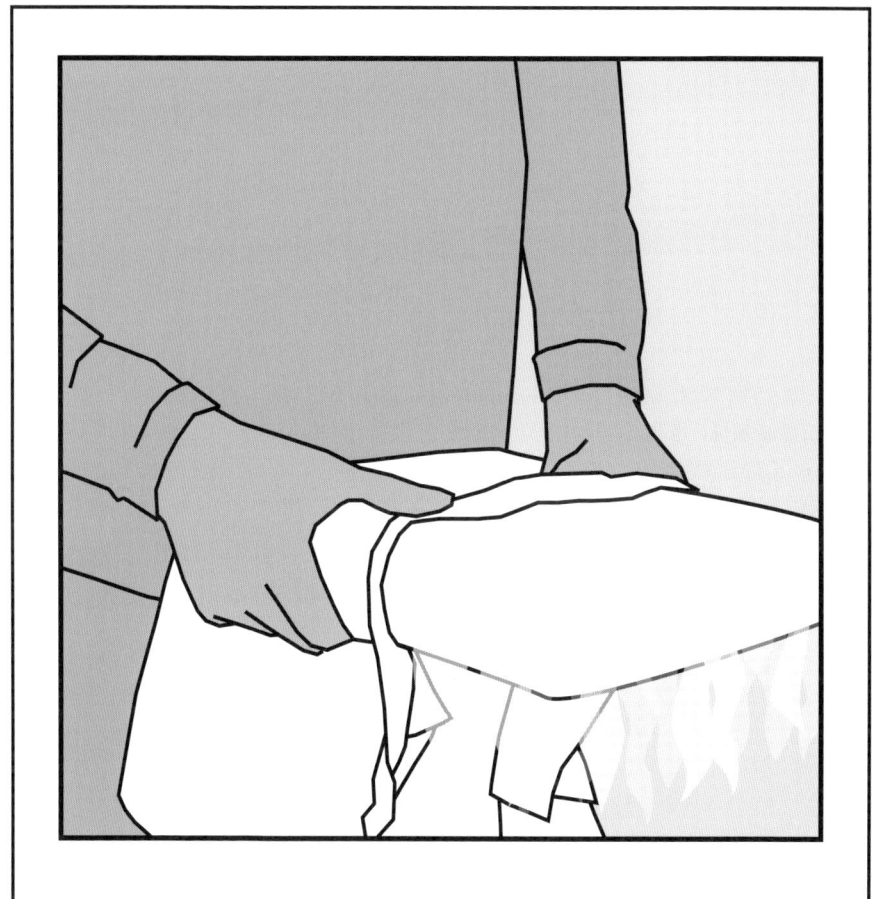

12
ドライアイスで遊ぼう
すごく冷たい世界。

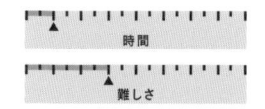

挑戦	経験
技術	工作

時間
難しさ

凍傷　物が飛んでくる　目が見えなくなる

12 ドライアイスで遊ぼう

必要なもの

□ ドライアイス □ タオル、パイ皿、コップ、プラスティックのフォーク
□ 水 □ 保護めがね □ ハンマー

警　告

ドライアイスは、普通の氷や冷凍庫の中よりも冷たいので、長くさわっていると皮膚が凍傷になります（やけどと同じでとても痛いです）。ドライアイスを持つときは、かならず乾いたタオルかキッチンミトンを使いましょう。また保護めがねを着用しましょう。ドライアイスは、絶対に口に入れてはいけません。

やってみよう

「遊ぼう」シリーズの活動は、どれもあなた自身のアイデアでいろいろやってみるのが基本です。ただし、安全のための約束はかならず守ってください。ここにいくつか、遊び方の例を示します。

◎ドライアイスを割る
1. ドライアイスのかたまりを、注意しながらタオルに包む。
2. 保護めがねをかける。
3. ハンマーでたたいて細かくくだく。使うぶんだけ割ろう。小さいほど早く消えてしまうので、残すぶんは、大きなかたまりのままにしておく。

◎アイススクーター
1. パイ皿に半分くらい水を入れてテーブルに置く。
2. フォークを使って、ドライアイスの小さなかけらを水の上に浮かべる。

◎霧のコップ
1. コップの底に水を1滴たらす。
2. 細かくくだいたドライアイスをコップに入れてフォークでかきまぜる。かきまぜるうちに、水が凍ってドライアイスがコップの底にくっつく。
3. コップの半分くらいまでゆっくりと水をそそぐ。ドライアイスはコップの底にくっついているので、外に飛び出さない。

12 ドライアイスで遊ぼう

このほかに、ドライアイスでどんな遊びができるかな?

| もっとくわしく |

　ドライアイスは二酸化炭素が凍ったものです。ドライアイスは溶けることがなく、固体から気体に変わります。この現象を昇華(しょうか)と言います。普通の気圧の中では、ドライアイスは液体になりません。気温と湿度が低いと、水もゆっくりと昇華します。冷凍庫の中で氷が小さくなるのはそのためです。

　水は摂氏0度で凍りますが、二酸化炭素は摂氏マイナス79度で凍ります。過酷な環境で生きていられる微生物は「極限微生物(きょくげんびせいぶつ)」と呼ばれていますが、とくに超低温の中で生きられる微生物を好冷微生物(こうれいびせいぶつ)と言います。宇宙生物学者は、太陽系のほかの惑星をまわる低温の月にも好冷微生物がいるのではないかと考えています。

　ドライアイスは食料品店、または氷屋さんから買うこともできます。

記　録	気づいたこと、工夫したこと、新しいアイデアなど。	✎

進行
日付: ＿＿＿年＿＿＿月＿＿＿日　できた！ ☐

13
紙コップでお湯をわかそう
相容れない要素の出会うところ。

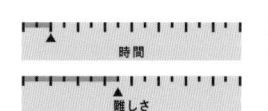

13 コップでお湯をわかそう

必要なもの

□ コンロ □ 紙コップ（コーティングされていないもの）□ 水

警　告

熱湯の入った紙コップは、やわらかいのでとても危険です。お湯が入ったままのコップを手で持とうとせずに、お湯がすべて蒸発してしまうまで、わかし続けてください。

やってみよう

　紙コップはビニールなどでコーティングされていないものを使ってください。また、底は平らなものを選んでください。そのような紙コップが手に入らないときは、おりがみの箱が使えます。パラフィン紙も使えます。ガスコンロと電気コンロは使えますが、IHコンロは使えません。

1. **計画を立てる。**コンロに火をつけるまえに、火の上で紙コップがしっかりと置ける場所を探す。まっすぐに、グラグラしないで置けること。また、炎やヒーターがいちばん熱くなるところに置かないとならない。うまく置けないときは、焼き網などを敷くとよい。
2. 紙コップに3/4ぐらいまで水を入れ、コンロの決めておいた場所に置く。
3. **熱する。**コンロに火をつけ、強火にする。強火にするのは早くわかすため。時間をかけすぎるとコップに水がしみこんで、コップがこわれてしまう。
4. **沸騰するまで待つ。**コップの上のほうが焦げたり火がついたりしてもあわてないこと。水についていないところは、水で冷やされないので燃えてしまう。沸騰して水が減っていくと、上から燃えていき、最後にはすべて燃える。

　コンロの上で燃えながら沸騰する紙コップを、どうやってコンロから下ろしたらいいだろう？　2つの案があります。ひとつは、小さなぬれた紙切れになるまで燃やしてしまう。もうひとつは、フライパン返しなどでコップをすくって鍋に放り込む。あとは火を消して冷めるのを待つ。

13 コップでお湯をわかそう

> **もっとくわしく**

　水が沸騰する温度は気圧によって違います。標高1,000メートルのところでは、水は97度で沸騰してしまうので、料理人は困ってしまいます。海水面では水は摂氏100度で沸騰します。紙が燃える温度は200度以上です。

　普通、水は100度以上にはなりません。沸騰すると水蒸気が発生し、それが100度を超える分の熱エネルギーをうばうので、100度が保たれるのです。この作用は「転移エンタルピー」と呼ばれます。水の沸点が、紙や木が燃え始める温度よりずっと低いので、水はさまざまな消火に使われます。

　しかし、電子レンジを使うと、水は100度以上の「過加熱」状態になることがあります。普通は沸騰すると水蒸気の泡が出ますが、水の表面張力がこれをおさえつけてしまいます。そのため、水はとても不安定な状態になり、容器をたたいたり、水をかきまぜたりすると、水が破裂します。

　家庭で使われるガスは、天然ガスかプロパンガスです。どちらも炎の温度は摂氏1,700度程度ですが、プロパンガスのほうが、半分の量で同じ熱が出ます。

記　録	気づいたこと、工夫したこと、新しいアイデアなど。

進行
日付：＿＿＿年＿＿＿月＿＿＿日　できた！

14

電子レンジに変なものを入れてみよう
お台所の電磁場で実験する。

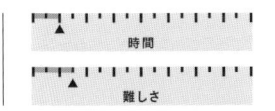

挑戦	経験
技術	工作

時間
難しさ

火事　くさい　やけど

14 電子レンジに変なものを入れてみよう

必要なもの

☐ 電子レンジ
☐ ブドウ（ひとつぶが3センチぐらいのもの、またはプチトマト）
☐ いらないCD ☐ マシュマロ

警 告

電子レンジに変なものを入れる前に、あなた自身と電子レンジを守るために、3つの約束を守ってください。

- **10秒まで** —— 10秒以上は絶対にやらない。
- **止めて開けない** —— 中で物が燃えだしたら、すぐに取り消しボタンを押して電子レンジを止め、火が消えるまで絶対にドアを開けない。
- **絶対に熱いと思う** —— マイクロ波を吸収する小さな物は熱をもちます。ものすごく熱くなることもあるので、電子レンジから取り出すときは、キッチンミトンやトングを使うこと。

やってみよう

◎金属ホイル
　CDは、固いプラスチックの円盤に薄いアルミホイルがはさんであります。マイクロ波は金属に吸収されます（電子レンジに金属を入れてはいけないと言われるのはそのためです）。この金属がとても薄いと、驚くようなことが起こります。
1.　電子レンジの中にペーパータオルを敷き、いらないCDをのせる。
2.　「強」で3秒加熱する。

◎ブドウアンテナ
　電波の波長は、波形の頭と頭の距離です。ブドウの直径は、電子レンジのマイクロ波の波長のちょうど4分の1（2.5センチ）ぐらいです。波長と同じ長さの物は、とてもよいアンテナになります。
1.　**ブドウを半分に切る。**皮を少し残して、半分ずつの実が皮でつながった形にする。
2.　電子レンジの皿の上に、切り口を上にしてブドウを置く。
3.　「強」で10秒加熱する。

14 電子レンジに変なものを入れてみよう

◎ふわふわマシュマロ

　マシュマロは甘いだけでなく、ふわふわでよくのびて、しめり気があるという、電子レンジの実験にぴったりの性質をもっています。水分はマイクロ波をよく吸収します。中に閉じ込められた空気によって早く熱くなります。よくのびるので、よくふくらみます。

1. 電子レンジで使える皿の上にマシュマロをのせて電子レンジに入れる。
2. 「強」で10秒加熱する。

　電子レンジは、家庭の高エネルギー物理実験室です。次は何を試してみようか？

もっとくわしく

　電子レンジの電波にはムラがあります。うまくいかないときは、電子レンジの中に置く場所を変えてみてください。

記　　録	気づいたこと、工夫したこと、新しいアイデアなど。	

進行
日付：＿＿＿＿年＿＿＿＿月＿＿＿＿日　できた！ ☐

15
走っている車から物を投げよう
スピードと重力と空気の抵抗で遊ぶ。

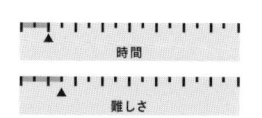

15 走っている車から物を投げよう

必要なもの

☐ 窓が開く乗り物 ☐ 広くて空いている道 ☐ 水風船 ☐ オレンジ ☐ 水鉄砲
☐ バナナ

警　告

走っている車から投げた物が対向車にぶつかるときは、対向車から見た速度がほぼ2倍になるので、十分に注意をしてください。ほかに車がいるときは、絶対に投げないこと。人や、だれかの物にぶつかるかもしれないと思ったときは、絶対に投げないこと。自動車から物を投げるのは法律に違反する場合があります。法律や条令をよく調べてから行いましょう。

やってみよう

「必要なもの」に並べた投げるものは、あくまで「例」です。もっといろいろなものを投げてみましょう。ただし、投げたものはかならず片づけること。ほかの車や人などに危険がおよばないようにすること。

1. **準備する。**自動車の後席左側に座り、広い場所まで運転してもらう。時速60キロになったら窓を開ける。
2. **予測する。**バナナを手に持ち、車の横方向に投げたらどうなるかを考える。どこにバナナが落ちるかを予測しよう。
3. **投げる。**バナナを横に投げる。思ったとおりの場所に落ちたかな？　次にオレンジを車の進行方向に投げたらどこに落ちるかを予測してから投げる（タイヤで踏んでしまわないよう、やや斜め前に）。次に、水風船を窓から腕を伸ばして、投げずに落としてみる。手を離したところから、地面に落ちたところまで、どれくらいの距離があったかな？
4. **水鉄砲。**水鉄砲をしっかり握り、窓の外に腕を伸ばす。水鉄砲でフロントガラスに水をかけてみよう。後ろの窓はどうだろう？

　自動車で卵を配達するとして、走っている車から投げても卵が割れないようにするには、どんな容れ物を作ればいいかを考えてみよう。

15 走っている車から物を投げよう

| もっとくわしく |

　動いている空気の中での物の動き方を研究する学問を、「空気力学」と言います。水の中での物の動き方を研究する学問は、「流体力学」です。導電性の液体の中での物の動き方を研究する学問は、「電磁流体力学」と言います。

　空気力学では、走っている自動車が受ける風の抵抗のことを「抗力」と呼びます。高速走行時は、燃費の大半は抗力によって左右されます。新型車ほどスタイルがなめらかになっていくのは、かっこいいからという理由だけではないのです。海の魚の中で、いちばん抗力が小さいものは、マグロだと言われています。

| 日本の読者へ |

　日本では、道路交通法で道路において進行中の車から物を投げることは禁じられています。この実験は、人や車の通らない広い駐車場などの私有地で、管理者の許可を得て行ってください。

| 記　録 | 気づいたこと、工夫したこと、新しいアイデアなど。 |

進行
日付：＿＿＿年＿＿＿月＿＿＿日　できた！

16
高いところから落ちてみよう
五点着地法を身につける。

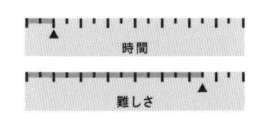

16 高いところから落ちてみよう

必要なもの

☐ 公園のベンチ ☐ 丈夫な靴（ブーツが最適）

警　告

五点着地法（PLF）とは、パラシュートで空から降りてきたときに、いちばん安全とされる着地方法のことです。しかし、パラシュートの場合はとても高いところから降りてくるので、完ぺきな五点着地法を行ってもケガをすることがあります。ワラの山などの大きなクッションがあるときは別として、50センチ以上の高さからは絶対に行わないこと。

やってみよう

まずは地面で練習する。5つの関節が正しい順番で地面につく転がり方ができるようになるまでは、ベンチからは飛び降りないように。

1. **準備する。** 両手をにぎり、顔の前に少しはなしてかまえる。肘は胸につける。膝は少しだけ曲げて、膝と膝はぴったりくっつける。膝で紙を1枚はさむ気持ちで。足の筋肉に力を入れて、顔は地面に向けず、まっすぐ前を見る。
2. **ジャンプする！** ベンチから空中に飛び上がる。地面からのときは、その場でジャンプする。足の親指の付け根を地面に向ける。両方の足首はしっかりとくっつける。つま先は絶対に伸ばさないこと。着地したときに突き指をしてしまう。
3. **着地1。** 足の親指の付け根が地面についたら、すぐに上半身を横にひねる（ベンチから離れるように）。膝はしっかりくっつけたまま、顎を胸につけて、斜めにおじぎをするように上半身を丸める。
4. **着地2。** ふくらはぎの外側の部分を地面につける。
5. **着地3。** 太ももの外側の筋肉で倒れた体を受け止める。
6. **着地4。** 片方のお尻をつけて、膝を離さず、やや曲げた状態で両足を上げる。
7. **着地5。** そのまま片方の肩甲骨がつくまで転がる。このとき、大きな声で「うーっ！」と言って肺の中の空気を吐き出す。

16 高いところから落ちてみよう

体の5つの場所を順番に地面につけながらなめらかに転がれるようになるまで、何度も練習しよう。

もっとくわしく

五点着地法は、1940年代にイギリス軍が考案しました。着地の衝撃を、体のなかの大きな筋肉群に分散して受け止めるというものです。その筋肉群とは、長腓骨筋（ふくらはぎの外側）、外側広筋（太ももの外側）、大臀筋（お尻）、広背筋（肩胛骨のあたり）です。膝を曲げるのは、脚をバネにして着地のショックが背骨に直接伝わらないようにするためです。

地球の空気中を自由落下する物体の最高速度は「終端速度」と呼ばれ、スカイダイバーの場合は時速約200キロです。

記　録	気づいたこと、工夫したこと、新しいアイデアなど。

進行
日付：＿＿＿＿年＿＿＿＿月＿＿＿＿日　できた！ ☐

17

虫めがねで物を燃やそう

太陽の強力な光をあやつる。

17 虫めがねで物を燃やそう

必要なもの

☐ 虫めがね ☐ メモ用紙 ☐ くだもの

警　告

自分でつけた火は、かならず責任をもって自分で消そう。燃やしてはいけないものに、火が燃えうつってしまわないよう、広い場所でやること。紙が燃えるということは、やけどをする温度だということを覚えておこう。燃やすために用意したもの以外には、絶対に太陽の光の焦点を当てないこと。

やってみよう

　虫めがねは大切にあつかおう。レンズは傷がつきやすく、傷が増えると光を集める力が弱くなります。

1. **準備する。** 燃えやすい物が近くにない、広くて安全な場所を探す。歩道や草が生えていない土の庭などが理想的。
2. **光を集める。** 紙の上に虫めがねをかざす。紙に、まん丸の光の輪ができるようにして、虫めがねを上下させて、光の輪がいちばん小さい点になるようにする。太陽のエネルギーがこの点に集中するので、ここはすごく熱い。
3. **燃やす。** その位置で虫めがねを持ったまま、紙をよく見る。同じことを、くだものでもやってみよう。

　虫めがねのちょうどいい高さがわかったら、そこに固定するためのスタンドを作るとよいだろう。針金ハンガーを曲げて三脚を作り、虫めがねを粘着テープで固定する。

　光の焦点の温度は、虫めがねのレンズの大きさと、太陽の位置によって変わる。空気は太陽の光を吸収するので、太陽が地平線の近くにかたむいているときは、それだけ長く空気の中を光が通ってくるので、光は弱くなる。

　これを使って、いろいろおもしろいことができる。木の板に自分の名前を書いたり、プラスチックを溶かしてみてもおもしろい（ただし、プラスチックから出た煙は絶対に吸い込まないように）。いろいろやってみよう。

17 虫めがねで物を燃やそう

もっとくわしく

真空の空間では光の速度は一定ですが、物の中を通るときは、物によって速度が変わります。そのため、光が違う物に入るとき（たとえば空気からガラスのように）、光の針路が折れ曲がります。この現象を「屈折」といいます。物によって曲がる角度が決まっています。レンズが光を集めたり、雨粒が虹を作ったりするのは、光が屈折するためです。

驚くべきことに、あらゆる物が、じつは透明なのです。ガラスは、木よりもずっと密度が高いのに、可視光線を通します。空気、水、プラスチック、鉱物の一部も、同じ性質を持っています。しかし、それは可視光線にかぎった話です。光以外の電磁波に範囲を広げれば、すべての物が透明になります。私たちの体はX線で見れば透明です。惑星は宇宙線から見れば透明です。紙はマイクロ波で見れば透明です。

光の速度は秒速約30万キロメートルです。太陽を出た光が地球に届くまでには、約8分かかります。

記　録	気づいたこと、工夫したこと、新しいアイデアなど。	

進行
日付：＿＿＿年＿＿＿月＿＿＿日　できた！

18
ひとりで歩いて帰ろう
自由行動の子どもになる。

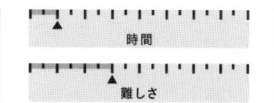

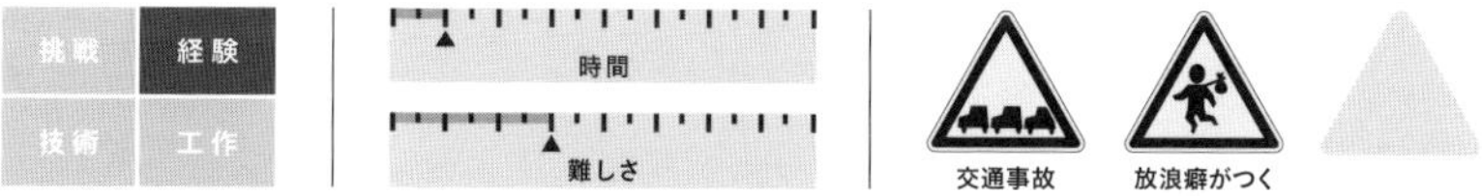

挑戦	**経験**
技術	工作

時間
難しさ

交通事故　放浪癖がつく

18 ひとりで歩いて帰ろう

必要なもの

☐ 地図 ☐ 携帯電話 ☐ 大人

警告

外を歩いているときに出会う危険の中でいちばんのものは、走っている自動車です。運転手はあなたがいることに気がついていないと、いつも思うようにするとよいでしょう。横断歩道を渡るときは、自分以外に自分を守ってくれる人はいないと考えてください。あなたが住んでいる地域は、どれほど安全か、お父さん、お母さんとよく確かめて、大丈夫だとわかったら、行うようにしてください。

やってみよう

ひとりで歩いて帰る前に、横断歩道を安全に渡れるか、携帯電話をちゃんと使えるか、お父さんやお母さんと確かめてください。学校へ行っていない人や、学校がすぐ近くの人は、1キロメートルぐらい離れた場所からひとりで家に帰ってみましょう。

1. **準備する。**帰り道の地図を作る。スタート地と家の真ん中あたりに印をつける。携帯電話が充電されているか、すぐに家に電話ができるかを確かめる。
2. **スタート地へ連れて行ってもらう。**
3. **地図と携帯電話を確かめる。**家に電話をして、家の人にこれから出発すると伝える。地図に印をつけたところへ行くまでに、どれくらい時間がかかるかを考える。
4. **歩き始める。**決めておいた道を歩く。迷ったら地図を見たり、人に道を聞いたり、家に電話をかけてアドバイスをもらおう。印をつけたところに来たら、出発からどれだけ時間がかかったを見る。最初に考えた時間とどれだけ違っていたかな?
5. **無事に家に着く。**

この道になれたら、ひとりで歩くときでも、もう家に電話する必要ない(携帯電話もいらない)。帰り道では、いろいろな物を見ておこう。毎日、車で通っている道でも、歩いてみると、いつもと違った景色が見える。

18 ひとりで歩いて帰ろう

もっとくわしく

　大人は1時間に約5キロ歩きます。平らな道で無理をせずに歩ける距離は、1日に30キロほどです。

　アメリカ大陸を歩いて横断するには、6〜8カ月かかります。距離にして、およそ4,800キロメートルです。ドリス・ハドックがアメリカを歩いて横断しようと決意したのは89歳のときでした。アパラチア山脈ではきびしい天候に襲われ、160キロメートルもスキーで進まなければなりませんでした。目的地のワシントンDCに到着したのは92歳のときでした。

　上等なランニングシューズは、ダメになるまで480〜800キロメートルほど使えます。

　2本の足で歩く動物は二足動物と呼ばれます。二足動物には、人間のように歩くものと、鳥があります。また、カンガルーや一部のネズミのように飛び跳ねるものがいます。

　歩くよりエネルギー効率が高い乗り物は、自転車だけです。

記　録	気づいたこと、工夫したこと、新しいアイデアなど。	

進行
日付：＿＿＿年＿＿＿月＿＿＿日　できた！ ☐

19
屋根の上に立とう
そこに屋根があるからだ。

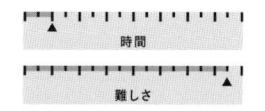

19 屋根の上に立とう

必要なもの

☐ はしご ☐ のぼれる屋根 ☐ 大人

警告

屋根のような高いところにかぎらず、ほんの数十センチのところからでも、落ちて大ケガをすることがあります。屋根のどこに立つか、どうやっておりるかをよく考えておきましょう。また屋根の上では、ゆっくり行動しましょう。

やってみよう

屋根にのぼるのも、木や大きな岩にのぼるのも同じことです。落ちたら大ケガをします。しかし建物は、自然のものと違い、きれいに見せるために、手でつかまったり、足をのせたりする物があまりありません。指でこすってみて、表面がはがれるような屋根はのぼってはいけません。

1. **ちょうどいい屋根を探す。** 屋根の角度がゆるやかで、しっかりしている平屋の建物がよい。のぼる許可をもらうこと。
2. **はしごをかける。** のぼるのにいちばんいい場所、はしごをかけやすい場所を探す。はしごの先は、屋根より1メートルほど上に出るぐらいがよい。はしごがグラグラしてはいけない。大人にしっかりおさえておいてもらおう。
3. **はしごにのぼる。** はしごのヨコ棒をしっかりとにぎってのぼる。タテ棒をにぎってはいけない。いちばん上のヨコ棒をにぎりながら、屋根の上にうつる。
4. **屋根をのぼる。** 屋根のてっぺんに向かって、まっすぐに歩く。いつもまっすぐ下にはしごの先が見えていれば、すべり落ちてもはしごのところで止まって、下に落ちることがない。ゆるんだ屋根板やゴミなどはすべりやすいので、足をのせないこと。
5. **景色をながめる。** 屋根のてっぺんをまたぐように足をふんばり、まわりの景色をながめる。
6. **屋根からおりる。** はしごのところまで、まっすぐに歩く。体重は、かかとではなく、つま先にかける。はしごのいちばん上のヨコ棒をしっかりとにぎり、はしごの向こうがわにまわり、ヨコ棒に足をかける。
7. **はしごをおりる。** 足をかける場所に注意しながら、はしごにまっすぐ体を向

19 屋根の上に立とう

けて、おりる。

もっとくわしく

文明がめばえてから、人類は屋根を守るための方法を考え続けてきました。物を遠くへ運ぶ技術がなかったころは、近くにある材料で屋根を作らなければならず、季節が変わるごとに、新しくしたり、直したりする必要がありました。

「かわら」は大変に丈夫で、200年以上ももちます。磁器タイルの屋根はとても美しく、サンタバーバラの歴史的な地域など、どの家も磁器タイルの屋根にしなければいけないという条例がある街もあります。しかし、タイルは割れやすく、すべりやすいので、のぼるのには適しません。

もっとも新しく、そしてもっとも古い屋根は、芝生の屋根です。数世紀前に、スカンジナビアには芝生の屋根がありました。現在、シカゴ市庁舎には、グリーンルーフと呼ばれる、最新式の芝生の屋根が使われています。

記　　録	気づいたこと、工夫したこと、新しいアイデアなど。	

進行
日付：＿＿＿年＿＿＿月＿＿＿日　できた！

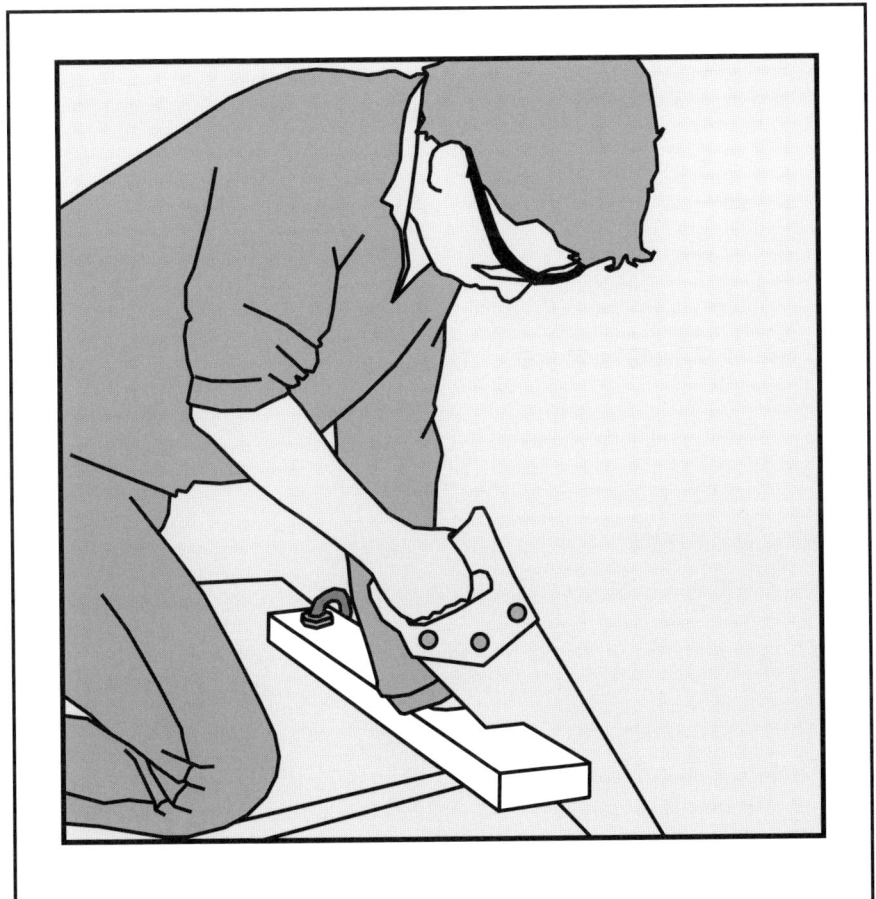

20
ノコギリを使おう
ノコギリで木材を切る技術をマスターする。

挑戦	経験
技術	工作

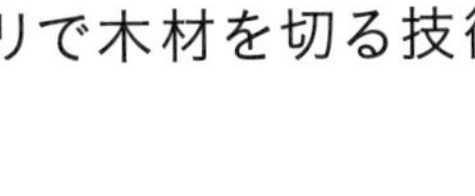

時間
難しさ

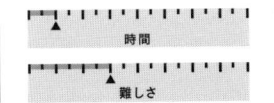

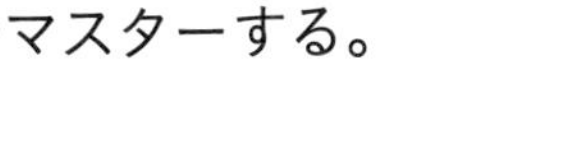

目が見えなくなる　ケガ

20 ノコギリを使おう

必要なもの

☐ ノコギリ ☐ 木材（針葉樹の柔らかいもの） ☐ クランプ ☐ 鉛筆 ☐ 保護めがね

警告

ノコギリを使うと細かい木の切りくずが舞います。目に入ると痛いので注意しましょう。

やってみよう

1. **保護めがねをかける。**
2. **線をひく。**ノコギリの歯のないほうを定規のかわりにして、木材の切りたいところに鉛筆で線をひく。
3. **固定する。**切っている間に板が動かないように、作業台やテーブルに、クランプを使って木材をしっかりとめておく。切る線を作業台の外に出るようにしておかないと、板といっしょに作業台も切ってしまうから気をつけよう。
4. **切りこみを入れる。**利き手にノコギリを持つ。ノコギリの歯を、木材の向こう側の角のしるしのところにノコギリの歯をあてる。ノコギリは先が下を向くようにななめにすること。静かにノコギリを引く。板の角が少しだけ切れるので、何度かノコギリを引いて、ギザギザの部分が木材の中にかくれるぐらいまで、切りこみを入れる。
5. **切る。**ノコギリの長さ全部を使って大きく引く。このとき、手と、ひじと、ノコギリの歯が、いつも一直線になるように注意する。ノコギリがはさまって動かなくなったときは、無理に力を入れないこと。ノコギリの歯がななめになっていないか、切った線が曲がっていないかを確かめる。真っ直ぐ正しく切れているときは、ノコギリの歯はいつも軽く動くことを覚えておこう。
6. **切り落とす。**あとちょっとで切り終わるというところにきたら、ノコギリをしっかりと、速く動かすようにする。速く動かすことで、最後の切り口がきれいになる。はじめは、最後が割れたりギザギザになっても仕方ない。最後がきれいに切れるようになるには、修行が必要だ。

ノコギリの練習には、幅のせまい木材を使って、ノコギリの歯が軽く動いて早く切れるように練習しよう。そして、目じるしの線の上を真っ直ぐに切れるよう

20 ノコギリを使おう

に練習すること。ノコギリが上手に使えるようになれば、06番の「釘を打とう」の技と組み合わせて、いろいろなものが作れるようになります。

もっとくわしく

ノコギリが楽器として使われたこともありました。ノコギリの歯を軽く曲げて、バイオリンの弓でこすったり、マレットで叩くときれいな音が出ます。お化けのような音も出せます。

エンジンで動くチェーンソーが発明される前は、両側から2人でひく大きなノコギリで大木を切りたおしていました。歯の長さは9メートルもありました。それを使って切る木は、高さが100メートル近くありました。

ノコギリは、国によって形が違います。ヨーロッパで多く使われているフレームソーは、古代エジプト時代から伝わるものです。現代のアメリカでは、押すときに切れるノコギリが一般的ですが、昔は引くときに切れるものが普通でした。日本のノコギリは、今でも引くときに切れるタイプです。そのほうが歯をうすくすることができ、そのため抵抗も少なく、小さな力で切ることができます。

記　録	気づいたこと、工夫したこと、新しいアイデアなど。

進行
日付：＿＿＿年＿＿＿月＿＿＿日　できた！

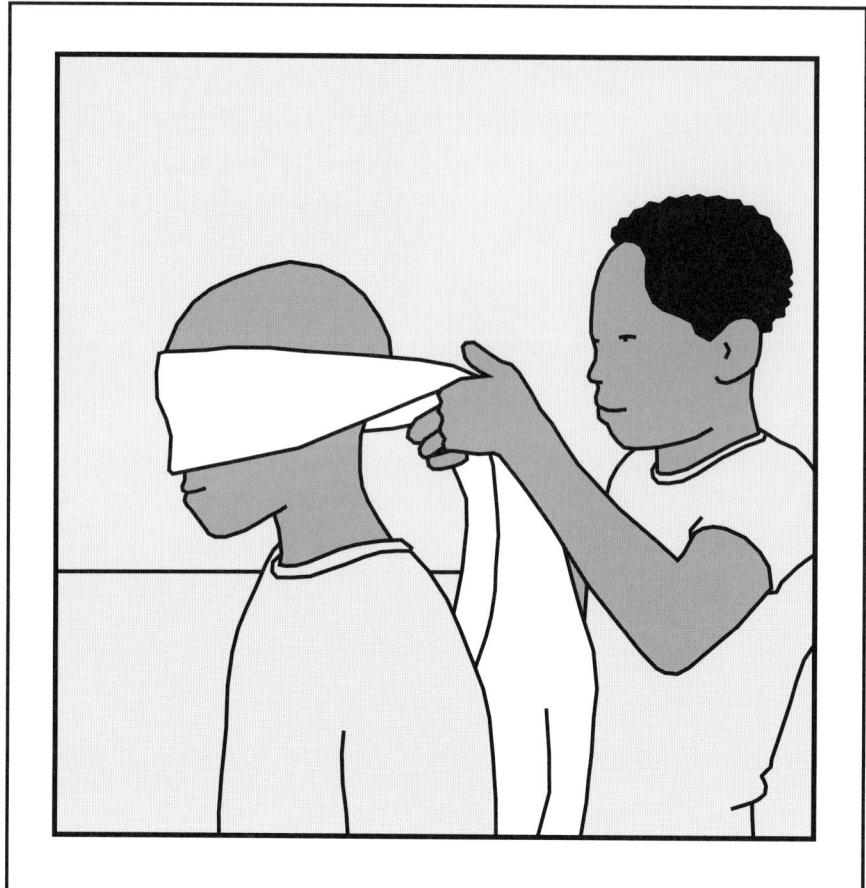

21
目かくしで1時間すごそう
目を使わないで世界を見る。

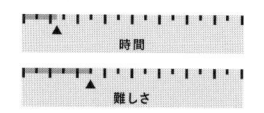

挑戦	**経験**
技術	工作

時間
難しさ

転ぶ　イライラする　痛い

21 目かくしで1時間すごそう

必要なもの

☐ 手伝ってくれる人　☐ いらなくなった大きなTシャツ（またはきれいな布）
☐ はさみ

警告

目かくしをして動くときは注意すること。目が見えていれば、ちょっとつまづいても転ばないが、目が見えないと派手に転ぶこともあります。笑いごとで済めばいいが、涙を見るかも。お手伝いの人に、ケガをしないように助けてもらおう。

やってみよう

　目が見えない状態をしっかり体験するためには、目に光が入らないように目かくしをして、目以外の感覚が目のかわりに働き出すまで、少なくとも1時間は目かくしをしていること。

1. **目かくしを作る。** Tシャツをテーブルに広げて、下から15センチぐらいのところで輪切りにする。輪の縦のぬい目にそって切り開き、長い帯にする。これを縦に二つ折りにして、細長くする。
2. **目かくしをする。** Tシャツの残りの部分から、縦横20センチの四角形を2枚切り出して、四つ折にしておく。長い帯をそっと目に当てて、頭の後ろでしばる。両方の目のところに四つ折にした布をはさみこむ。目に明るさがわからなくなるように、帯と四つ折の布の位置を調整する。
3. **始める。** しばらく静かに座って、目が見えない状態に慣れる。それから、まわりを歩いてみる。

　私たちの頭の中には、自分で意識して考えなくても、自然に身のまわりの世界のミニチュアができあがっています。これは、目で見た情報をもとに、いつも新しく作りかえられています。このミニチュアの世界はとても細かく作られていますが、目からの情報が来なくなると、とたんに不確かなものになります。しかしすぐに、他の感覚から情報を集めることができるようになると、また新しいミニチュアが作られるようになります。

21 目かくしで1時間すごそう

◎目かくしでやってみたい5つのこと
1. なにかを食べてみる。
2. トイレに入ってみる。
3. 外を歩いてみる。
4. ボールをキャッチしてみる。
5. 自分のまわりの地図をかいてみる。

もっとほかに、なにが思いつくかな?

やってみよう

　目が見えない人たちは、いろいろな方法で身のまわりのものを「見る」訓練をしています。つえは、障害物や道の方向を確かめるのに使います。クリッカーは物の形を音で知る装置です。盲導犬は、道路を渡るときのガイドになったり、危険を教えてくれたりします。目とは違う方法で物が見えるようになる装置を頭に埋め込む研究もされています。

　目を使わなくても見えることを、脳科学者が立証しています。そのための装置に、カメラのついた特別なイスがあります。イスの背もたれには400個のふるえるボタンがあり、カメラに映った映像を、座った人の背中に振動で伝えます。それにより、物の形がわかるという仕組みです。

| 記　録 | 気づいたこと、工夫したこと、新しいアイデアなど。 |

進行
日付：＿＿＿年＿＿＿月＿＿＿日　できた！

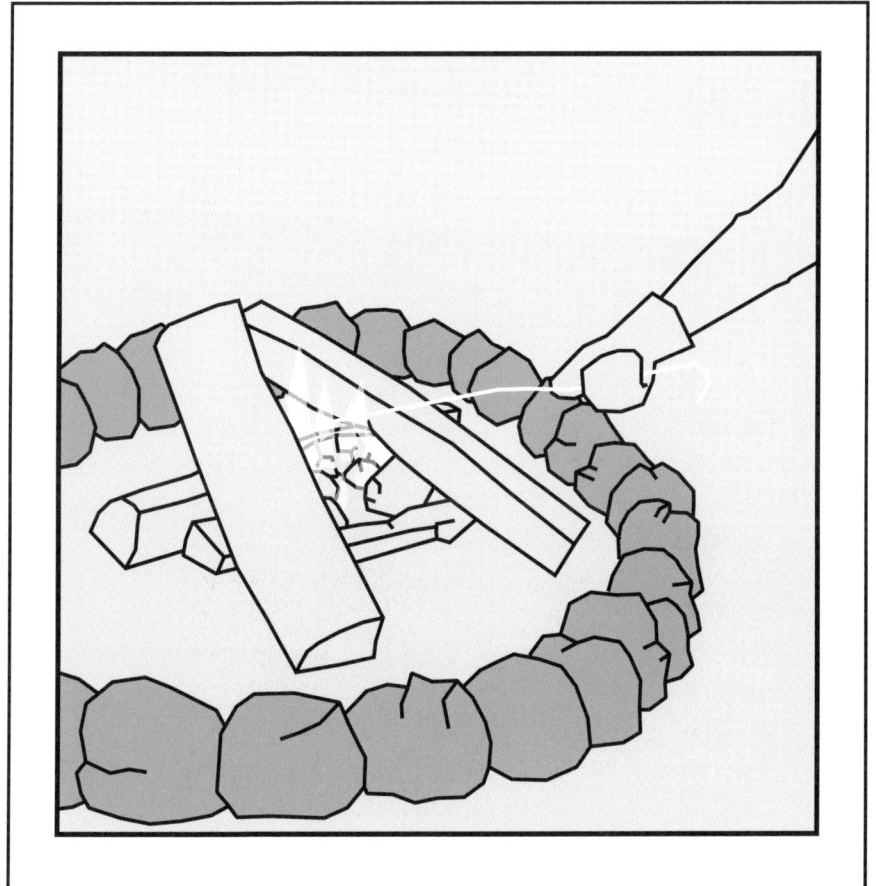

22
鉄を曲げよう
火の力で金属を変化させる。

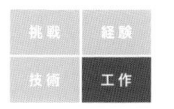

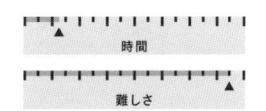

挑戦　経験　技術　工作

時間
難しさ

やけど　火事　人の物をこわす

22 鉄を曲げよう

必要なもの

☐ 針金ハンガー（ビニールがかぶっていないもの）
☐ たき火（「45 火遊びをしよう」） ☐ 水が入ったバケツ ☐ キッチンミトン
☐ 大人

警　告

熱くした金属は、やけどの危険があります。持つときはかならずキッチンミトンを使うこと。また、十分に冷めるまでは、絶対に置かないこと。だれかがさわってやけどをしたり、物が燃えたりします。

やってみよう

　これを行うには、大きな高温の火が必要となります。時間をかけて火をおこし、木が炭になるのを待とう。

1. **準備する**。バケツいっぱいに水をくみ、火の近くに置く。針金ハンガーのねじってある部分をほどき、まっすぐにのばす。完全でなくてもいいが、なるべくまっすぐになるように、がんばってみよう。こうすることで、針金の固さを確かめておく。
2. **針金を熱する**。キッチンミトンをつけて、のばした針金の真ん中あたりを、火のいちばん熱いところに入れる。両方の端は、あとで手で持てるように、熱くならないようにしておく。このまま、針金の真ん中あたりが赤く光るまで置いておく。
3. **曲げる**。キッチンミトンを両手につけて、針金の両方の端を持って火から取り出す。赤くなったところを曲げてみる。まだ固くて曲がらないようなら、火にもどしてもっと熱する。曲げたら、すぐにバケツの水に突っ込んで冷ます。

　熱して曲げることをくり返せば、いろいろな形を作ることができます。この方法は、針金から電車の線路まで、あらゆる大きさの金属に使えます。ハンマーと金床があれば、赤く熱した針金をたたいて板にすることもできます。これをやるときは、保護めがねを忘れずに。
　冷たい鉄を素手で曲げられるのはスーパーマンだけでしょう。しかし、どうやっ

22 鉄を曲げよう

たら曲がるのか、素材の性質をよく理解すれば、なんでも作れるようになります。

もっとくわしく

　コンロのお鍋が赤くならないのは、針金よりも効率的に熱を逃がすからです。

　水などで急げきに冷やすと、鉄などの金属は強くなります。これは、原子レベルでの結晶構造を作らせないようにするからです。ゆっくり冷ますと結晶ができてしまいます。それでも固くなりますが、反対にもろくもなります。

　科学者は、金属を延性と展性の物質であると言います。つまり、引っぱってのばしたり、たたいてのばしたりできるものという意味です。

　鋼鉄は、鉄と炭素をまぜて作られています。タングステンやマンガンをまぜることもあります。こうしたものをまぜると、純粋な鉄よりも強く、サビにくくなります。

　考古学では、人類の文明を、石器時代、加工が簡単な青銅を使いはじめた青銅器時代、鉄を精錬して鋼鉄を作れるようになった鉄器時代の3つに分けています。

記　録	気づいたこと、工夫したこと、新しいアイデアなど。	✎

進行
日付：＿＿＿年＿＿＿月＿＿＿日　できた！ ☐

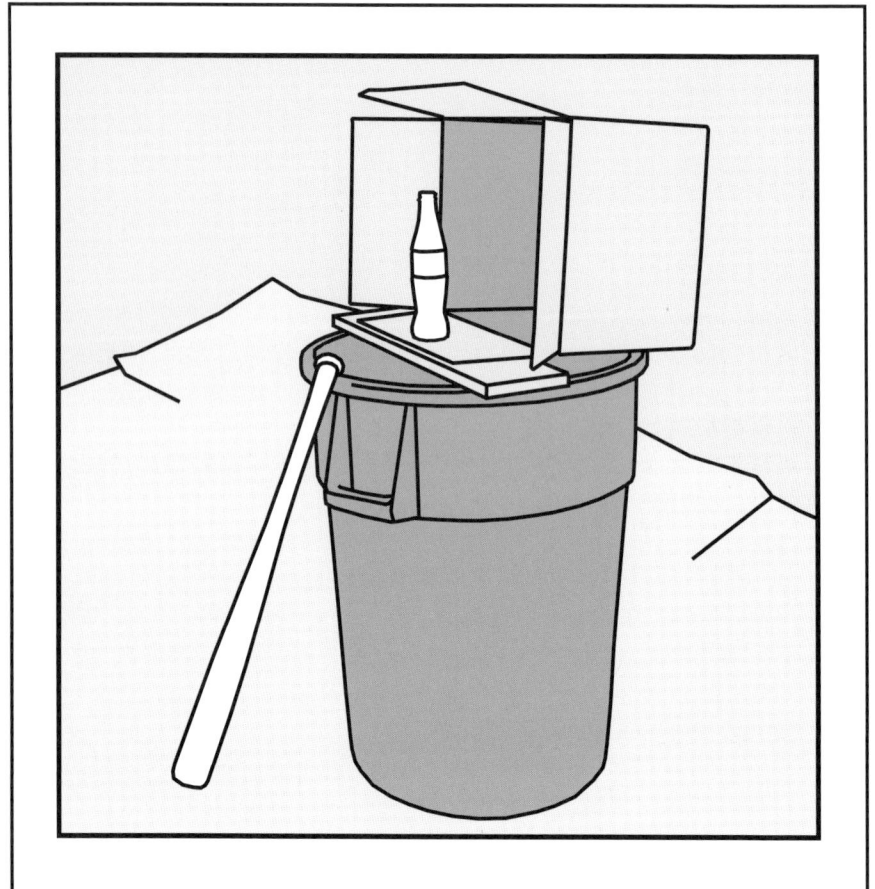

23
ガラスビンを割ろう
自分のカラをやぶる。

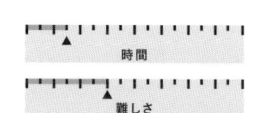

23 ガラスビンを割ろう

必要なもの

□ 大きなからのゴミ箱　□ 大きなダンボール箱　□ 空のガラスビン　□ 木の板
□ バットか鉄の棒　□ 保護めがね　□ 長袖のシャツ、またはジャケット
□ 手ぶくろ　□ ホウキとチリトリ　□ ガムテープ

警告

割れたガラスはとがっていて危険です。バットでガラスビンを割るときは、かならず保護めがねをかけて、長袖のシャツを着て、手ぶくろをしましょう。後片づけは、ホウキとチリトリが便利です。

やってみよう

　鋭くとがったガラスの破片が飛びちるので、見ている人もふくめて、全員が保護めがねをして長袖のシャツを着ること。

1. **準備する。**ゴミ箱の上に板をわたして、割れたビンを受け取る。ダンボール箱をガムテープで固定する。箱のふたを広げて、なるべく飛びちるガラスをキャッチできるようにする。
2. **ビンを用意する。**板の真ん中あたり、ダンボール箱の、ガムテープで貼りつけたふたの上にビンを立てる。
3. **たたき割る。**保護めがねをして、バットでビンをたたく。割れたビンがダンボール箱の中に入るようにたたこう。ビンが割れずにゴミ箱の中に落ちたら、手ぶくろをしてビンを取りだそう。

◎別の方法
1. **空のゴミ箱の中にビンを落とす。**
2. **もうひとつの空きビンを、ゴミ箱の中のビンに当てるように落とす。**どちらかが割れるまで、くり返す。

　なにかをこわすと、気分がスカッとすることがあります。物をこわして気持ちよいと感じるのは、悪いことではありません。手当たりしだいに物をこわしまくるのはいけませんが。心理学では、こういうことを「カタルシス（精神浄化作用）」と

23 ガラスビンを割ろう

呼んでいます。ときにはストレス解消のために必要なことなのです。

| もっとくわしく |

　世界でいちばん鋭いナイフは、火山から生まれる天然のガラス、黒曜石(こくようせき)のかけらで作られたものです。ネイティブアメリカンは、現代社会がこの技術を再発見して使うようになる数千年も前から、黒曜石で武器やナイフを作っていました。生物学者や外科医は、黒曜石のメスが欲しいと言います。その刃先の厚みは、分子1個分と、とても薄いので、人や動物の細胞を切断することができます。

　自動車のフロントガラスには、2枚のガラスで1枚のとても強いプラスチックのフィルムをサンドイッチにした合わせガラスが使われています。ガラスは、割れるととても細かい粒になるように作られています。ガラスはプラスチックのフィルムに貼りついているので、その粒が飛びちらないようになっています。こうして、事故が起きたとき、ガラスでケガをする危険を少なくしているのです。

記　録	気づいたこと、工夫したこと、新しいアイデアなど。

進行
日付：＿＿＿年＿＿＿月＿＿＿日　できた！ ☐

24
空飛ぶマシンを作ろう
ヘアードライヤーで気球を飛ばす。

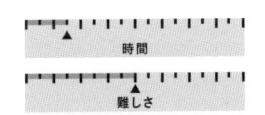

24 空飛ぶマシンを作ろう

必要なもの

□ドライクリーニングのカバー　□ヘアードライヤー　□ハサミ
□セロテープ　□10円玉

警　告

ハサミを持って走ってはいけません。ヘアードライヤーをお風呂場で使ってはいけません。電気のコンセントにプラグ以外の物を入れてはいけません。

やってみよう

　暖かい空気は冷たい空気よりも軽い。その重さの違いで、ふくろが浮かぶ。

1. **できるだけ軽くする。**ドライクリーニングのカバーから、ハンガーの穴のあたりにある重い部分を取りのぞく。カバーが軽ければ軽いほど、よく飛ぶ。
2. **できるだけ少ないテープでカバーの穴をふさぐ。**テープをたくさん使うと、それだけ重くなるので注意。
3. **下の開いているところをそろえて、両端を5センチぐらいずつ残してテープでふさぐ。**ひとつの穴はドライヤーで暖かい空気を入れるほう。もうひとつは、中の冷たい空気を出すほうになる。
4. **カバーが自然にふくらむように床に広げる。**カバーに穴が開かないよう、下に布などをしくとよい。
5. **ひとつの穴にドライヤーの吹き出し口を入れて、ドライヤーのスイッチを入れる。**温度は高温、風はなるべく弱くして、カバーがやぶけないように、そっと空気を入れる。
6. **カバーがふくらんできたら、頭のほうを持ち上げて、熱い空気が上にたまり、冷たい空気が下のもうひとつの穴から出るようにしてやろう。**カバーが浮かび上がるまで、熱い空気を送り続ける。

　浮き上がったカバーが上下さかさまになってしまうときは、上のほうにまだ重いものがついていないか確かめる。ついていたら、大きな穴が開かないように取る。それでもひっくり返るようなら、下のほうに10円玉をテープではりつける。

24 空飛ぶマシンを作ろう

> **もっとくわしく**

　ヘアードライヤーは、みんなが使うようになって何十年も経っているので、とっても安全な家電製品だと思っているかもしれませんが、ヘアードライヤーが原因でケガをする人の数は、毎年何千人もいます。ヘアードライヤーとは、そもそも危険な道具なのでしょうか。それとも、家庭内の事故の半数以上が起きているお風呂場で使うからでしょうか。

　これは、統計学で「マスキング」と呼ばれる問題です。お風呂場は事故の多いところなので、そこで使うヘアードライヤーも危険だという思い込みがはたらくのです。実際には、缶切りほども危なくありません。

　本物の熱気球は、大きなプロパンガスのボンベをつんでいて、パイロットがバーナーを調整して飛びます。熱気球のパイロットは、「バルーニスト」と呼ばれます。

記　録	気づいたこと、工夫したこと、新しいアイデアなど。	✎

進行
日付：＿＿＿年＿＿＿月＿＿＿日　できた！ ☐

25
太陽を見よう
明るすぎて見えないものを見る。

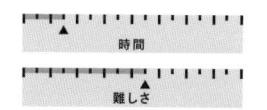

挑戦	経験
技術	**工作**

時間
難しさ

⚠ 目が見えなくなる　⚠ 火事

25 太陽を見よう

必要なもの

☐ 双眼鏡 ☐ ダンボールの板 ☐ 白い紙
☐ ガムテープ（緑色の養生テープがはがしやすくてよい）☐ カッター
☐ 友だち（手伝ってくれる人）

警　告

絶対に太陽を直接見ないこと。ほんの一瞬でも、双眼鏡で太陽を見ると、一生、目が見えなくなるおそれがあります。紙にうつる太陽の光を小さくしすぎると、紙が燃えることがあるので注意。

やってみよう

　太陽は、地球に住むすべての生き物のみなもとです。しかし、私たちは太陽を見ないようにして生活しています。明るすぎて、目をいためるからです。そこで、太陽を見るための特別な装置を作る必要があります。

1. **シェードを作る。** 双眼鏡の大きいほうのレンズがぴったりはまるように、大きなダンボールの板の真ん中に穴を開ける。双眼鏡のレンズを穴にはめこみ、すき間をガムテープでしっかりとふさぐ。小さなすき間も残さないように。
2. **角度を調整する。** 白い大きな紙を置き、双眼鏡をはめ込んだシェードを手に持って角度を調整する。紙とシェードは平行になるようにする。光の円が紙に映し出されたら、シェードと紙の距離を調整して、光の円がオレンジぐらいの大きさになるようにする。
3. **焦点を合わせる。** 光の円の縁がくっきりするように双眼鏡の焦点を調整する。1人では難しいので、友だちに手伝ってもらおう。1人がシェードを支え、もう1人が焦点を調整する。

　光の円は太陽です。よく見ると、いくつか黒い点が見えるはずです。太陽の「黒点」です。これは、うずを巻く強力な電磁波の柱が太陽表面に開けた穴です。

25 太陽を見よう

> **もっとくわしく**

　平均的な太陽黒点は、地球が3つ入るほどの大きさがあります。黒点は時間によって変化します。非常に活発に発生するときと、発生しないときとがあります。

　太陽の表面の温度は、摂氏約6,000度です。その色と温度から、太陽はG2V型黄色矮星(わい)と分類されています。

　宇宙の恒星のほとんどは赤色矮星です。幸い、私たちの太陽はまだ健康な状態で、あと50億年は今のまま燃え続けるだけの水素をたくわえています。ちなみに、太陽は1秒間で400万トンの水素を燃やしています。

　地球にあるすべてのものと、宇宙のいたるところにあるものは、太陽のような恒星で作られた物質です。言いかえれば、私たちはみな星から生まれたのです。1年間に太陽から地球に届いた光のエネルギーは、これまでに人類が消費した、石炭、石油、天然ガス、ウランの総エネルギー量の2倍とされています。

記　録	気づいたこと、工夫したこと、新しいアイデアなど。	✎

進行
日付：＿＿＿年＿＿＿月＿＿＿日　できた！☐

26
かっこいい殺陣を学ぼう
映画や舞台の隠された技。

26 かっこいい殺陣を学ぼう

必要なもの

☐ 紙の筒２本　☐ 大きめのジャージ　☐ 手袋（あれば）　☐ 友だち

警　告

本当の戦いとは反対に、打ち込む側は、打たれる人にケガをさせないよう責任を持たなければなりません。絶対に顔を打ってはいけません。また、自分が打たれたときに痛いと感じる強さよりも、弱く打たなければなりません。

やってみよう

　映画や舞台で演じられる刀の戦いのことを殺陣と言います。かっこいい殺陣の秘密は「相手の刀を打つこと」にあります。真剣にやると、びっくりするほど迫力のある戦いの場面が作れます。

1. **準備する。**大きめのジャージを着よう。だぶだぶの服が体を守ってくれます。友だちと、紙の筒（刀）を１本ずつ持ち、いろいろに振り回してみる。ここで、刀の重さや長さの感覚をおぼえておく。刀をかまえて相手と向かい合い、刀と刀が半分重なるぐらいの距離をあける。
2. **先に打ち込む側を決める。**
3. **練習する。**受ける側は、刀で身を守るかまえをとる。打ち込む側は、刀を大きく振り、相手の刀の中央あたりを打つ。打ち込む側がどこを打つかは受ける側の刀の位置で決まります。目標（相手の刀の真ん中）を打つかどうかは、打つ側が判断します。
4. **交代する。**打つ側と受ける側が入れ替わる。
5. **３と４を順番に繰り返して、すばやくなめらかに交代できるように練習する。**だんだん速くしていこう。刀ではなく、体が打たれてしまったときは、そこで中断して、どうしてそうなったかを考える。

　お互いにすばやく打ちあいができるようになったら、動き回ってみましょう。映画などでは階段を上り下りしながら戦うシーンがよく出てきます。歩きながら上手に打ちあいができるようになったら、今度はセリフを言ってみましょう。「くらえ！」とか「鉄の苦みを味わうがよい、悪党め！」など。または、「ふん、そのチャラチャラし

26 かっこいい殺陣を学ぼう

た剣さばきで人が斬れるものか！」とか「焼きがまわったようだな、じいさん」など。

　さらにドラマチックに演出したいときは、1回ずつで交代するのではなく、2回打って交代、3回打って交代というようにリズムに変化をつけてみましょう。打ち込む回数が多い側が強く見えます。演劇などで行うときは、合図をしたらどちらが何回続けて打ち込む、などと決めておくとよいでしょう。

もっとくわしく

　映画では、フェンシングはあまり登場しません。剣（フェンシングでは「フォイル」と呼びます）の動きが速すぎて見ている人が追いつけないからです。フェンシングの試合では、選手はセンサーつきの防具を着ます。フォイルが体にふれるとコンピュータが感知して、どちらが勝ったかを判定します。人間の目では速すぎてわからないのです。

記　　録	気づいたこと、工夫したこと、新しいアイデアなど。

進行
日付： ＿＿＿年 ＿＿＿月 ＿＿＿日　できた！

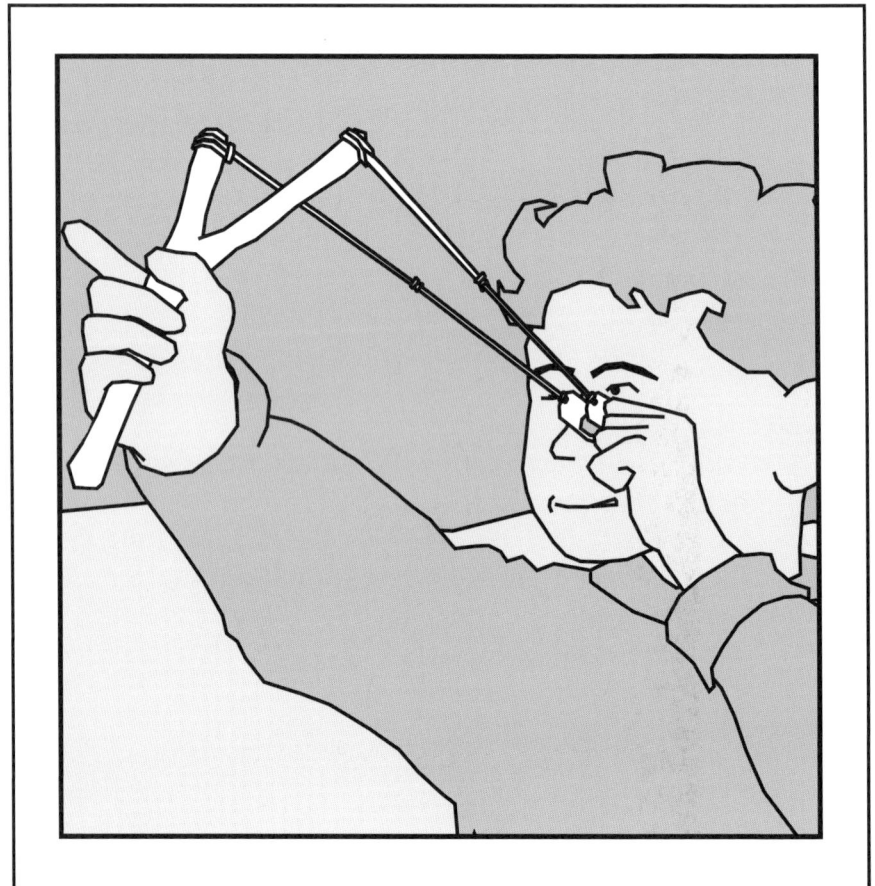

27
パチンコを作ろう
原始的な道具を自分で作る。

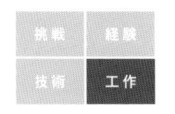

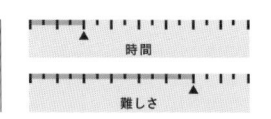

挑戦	経験
技術	工作

時間
難しさ

人にケガをさせる　物が飛んでくる　人の物をこわす

27 パチンコを作ろう

必要なもの

□ 二股になった木の枝　□ 輪ゴム（太いもの）　□ 革か厚手の布の切れはし
□ 小石、豆、花のつぼみなど「弾(たま)」になるもの
□ 広い場所（人や動物にケガをさせる心配がないところ）

警告

パチンコ自体は危険なものではありませんが、これで打ち出す物によっては危険になります。狙う先をいつもよく見てください。絶対に人や動物を狙ってはいけません。弾を打つことで生じる結果には責任を持ちましょう。

やってみよう

1. **ゴムバンドを作る**。輪ゴム2本をつなげて長くする。これをもう一組作る。もう1本ずつたばねるともっと強力なパチンコになる。
2. **ポケットを作る**。革か厚手の布を長方形に切る。この両側にゴムを結びつけるか、両側に穴を開けてゴムを通す。
3. **組み立てる**。二股の木の枝の先にゴムをしばりつける。ゴムがすぐに抜けてしまうようなら、上から糸を巻いてしばるとよい。
4. **狙う**。ポケットに弾をはさみ、親指と人さし指でつまむ。もう片方の手で木の枝のハンドルをしっかり握って腕をのばす。ポケットをしっかりつまんだまま手前に引っ張る。
5. **打つ**。ポケットを放す。

　パチンコの名人は、ポケットを握った手は動かさず、ハンドルのほうを動かして狙いを定めています。アルミの空き缶を的にするとよいでしょう。アルミ缶を台に並べて、打ち落としてみましょう。
　練習を重ねることで、だんだん狙いが正確になっていきます。弾をたくさん集めて、毎日、数分間ずつ練習しよう。名人は20歩離れたところからアルミ缶を打ち落とせます。

27 パチンコを作ろう

> **もっとくわしく**

パチンコは、意外にもとても新しい道具です。なぜなら、パチンコには、よく伸びる丈夫なゴムひもが必要ですが、ゴムひもが発明されたのが1800年代の終わりで、一般に使われるようになったのが1900年代のはじめごろだからです。ポケットに2本の革ひもをつなげたスリングという武器が、パチンコの原型です。ゴリアテを倒したダビデが愛用していたと言われています。

科学者ジョセフ・プリーストリーは、天然ゴムでこすると鉛筆の文字がよく消えることを発見しました。やがて、「こする」という意味の英語「rub」が転じて「rubber（ラバー、英語でゴムという意味）」という言葉が生まれました。

空気抵抗がなかったとしたら、パチンコから打ち出された弾は自由弾道を描きます。地球の重力に引っ張られて、弾の道筋は真っ直ぐではなく、地面に向かって曲線を描きます。重力が弱ければ、弾はなかなか落ちずに地球をぐるりと回ります。実際は重力に空気抵抗が加わるので、弾が飛ぶ距離はずっと短くなります。空気抵抗がなければ、弾はほぼ2倍の距離を飛びます。

記　録	気づいたこと、工夫したこと、新しいアイデアなど。	

進行
日付：＿＿＿＿年＿＿＿＿月＿＿＿＿日　できた！

28
木登りしよう
親指に本来の仕事をさせる。

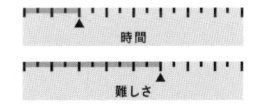

28 木登りしよう

必要なもの

☐ しっかりとしたクツ（または裸足）　☐ 木

警　告

木から落ちると大ケガをします。死ぬこともあります。だからって、尻込みしていてはつまりません。ゆっくりと、気持ちを集中させて、登りましょう。

やってみよう

　木登りにはルールがあります。

◎幹から離れない。幹から離れて枝の先へ行くほど枝が折れやすくなる。
◎自分の胸より高い枝には絶対に進まない。降りるときのことをよく考えよう。高い枝に無理をして登れたとしても、降りられなくなるおそれがある。
◎枯れた枝には絶対に体重をかけない。枯れた枝は折れやすい。葉が1枚もついてない枝は避けること。
◎集中する。自分が今していることに集中すること。手でつかむ場所、足を乗せる場所をしっかりと確かめる。「見てみてー！」なんて叫んだりしない。木登りは真剣勝負なのだ。

　どの木にも登れるというわけではありません。登れそうな木をよく探して、計画を立てて、時間のあるときにゆっくり登ります。枝の先まで葉がついていて、枝が均等にたくさん出ていて、手が届く高さにある木が理想です。

1. **登る。** 同じ木でも、登り方はいろいろある。時間をかけて、しっかり計画を立ててから登り始めよう。
2. **景色を楽しむ。** 手ごろな枝を見つけて、座ってみよう。幹に背中の一部をつけるようにするとバランスをくずして落ちることがない。しばし木の上の生活を楽しむ。
3. **降りる。** 登るより降りるほうが難しい。足下が見えないことが多いからだ。ゆっくりと、幹から離れないように降りる。枝は足の土踏まずで乗るように。

28 木登りしよう

　最初は、少しだけ登って降りてみる。そうして、もっと高いところへ登るかどうかを考える。登るときと同じぐらい降りるのがうまくなれば、木登りがずっと楽にできるようになる。

もっとくわしく

　木の切り株に見られる年輪は、何層にも重なって木を形作っている円錐形の断面です。根に近いところの年輪の数は、その木の年齢と同じです。高いところの年輪を数えると、その高さまで育った年数がわかります。

　雨や雪が降ると、木の枝はとても重くなります。健康な枝なら、その程度の重さは十分に支えることができますが、枝の健康状態はＸ線で調べでもしないかぎりわかりません。安全のため、木が乾いている日に行いましょう。

記　録	気づいたこと、工夫したこと、新しいアイデアなど。

進行
日付：＿＿＿年＿＿＿月＿＿＿日　できた！ ☐

29
パフォーマンスに挑戦しよう
楽しんでお金もうけ。

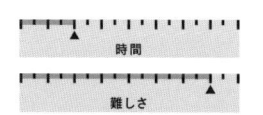

挑戦	経験
技術	工作

時間
難しさ

恥ずかしい　警察につかまる

29 パフォーマンスに挑戦しよう

必要なもの

□ 勇気 □ かんばん □ 帽子（または容れ物）□ 小道具（あれば）

警告

道でパフォーマンスを行うことを禁止している場所もあります。パフォーマンスをしていい時刻などの制限があることもあります。街の条例や標識を調べておきましょう。

やってみよう

　路上で人々に楽しい芸を見せて、お金をもらうことを「大道芸」と言います。歌ったり楽器を演奏するだけが大道芸ではありません。絵を描いたり、ジョークを言ったり、物語を話したり、人の服をほめたり、ジャグリングをしたり、手品をしたり、なんでも自分にできることを街頭でやれば大道芸になります。

1. **芸を準備する**。自分に何ができるかを考え、少人数の前で練習する。衣装はどうするか。小道具は必要か。街頭に出るまえに、しっかりと準備しておこう。
2. **宣伝する**。芸の内容がよくわかる「かんばん」を作る。たとえば、「あなたをほめまくります。寄付歓迎」とか「あなたの顔を5秒で描きます。1枚10円」といった具合。
3. **場所を決める**。人通りが多く、広い歩道を選ぼう。ほかの人がすでに大道芸をやっていたら、そこは「いい場所」だというしるし。でも同じ場所ではできないので、自分だけの場所を探そう。
4. **帽子とかんばんを出す**。帽子は上下さかさまに置けば、お金を入れてくださいという合図になる。空き缶でもよい。
5. **芸を始める**。

　大道芸は大昔からありました。そして、大昔から今にいたるまでずっと、芸に「ケチをつける人」もいました。そうした人たちをあしらうには、ユーモアがいちばんです。たとえば、「見てられないよ！」などと言われたら、「あら、もうママが選んだ服は着てないわよ」とか「眼科で診てもらうといいですよ」と言い返して

29 パフォーマンスに挑戦しよう

やりましょう。

| もっとくわしく |

　大道芸からスタートした有名ミュージシャンやアーティストはたくさんいます。ブルーマン・グループ、ラッセル・クロウ、ボブ・ディランなどなど、数えればきりがありません。

　本人に気づかれずにサイフを抜き取る泥棒を「スリ」と呼びます。大道芸をやっているところは、スリにとってかっこうのかせぎ場所です。おおぜいの人が芸に見入っているので、スリは仕事がやりやすいのです。

記　録	気づいたこと、工夫したこと、新しいアイデアなど。	✎

進行
日付：＿＿＿年＿＿＿月＿＿＿日　できた！

30
小川をせきとめよう
歴史の流れを変える（少しの間だけ）。

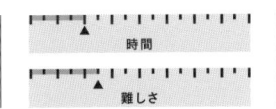

挑戦	経験
技術	工作

時間
難しさ

自然破壊　寄生虫

30 小川をせきとめよう

必要なもの

☐ 小川

警 告

ほとんどの川には寄生虫がいます。飲んでも大丈夫と明記されている川以外では、川の水をそのまま飲んではいけません。

やってみよう

1. **手ごろな小川を探す。**川幅は30センチ程度。周囲の環境を守るために、やや強い雨が降ればダムを作ったあとが流されて元通りになるようなところがよい。
2. **場所を決める。**本物のダムは、深い谷に高い壁を作って水をたくさん溜めている。同じように川幅が狭く深くなっているところがよい。しかし水の流れが速すぎては材料が流されてダムが作れない。
3. **材料を集める。**落ち葉、木の枝、泥、石、砂、なんでもいい。ただし、川の周りにある自然のものだけを使うこと。集めた材料によって、どんな形のダムにするかが決まる。
4. **ダムを作る。**流れてくる水が作業のじゃまになるときは、仮の水路を作って水を迂回させる。本物のダムでもよくやる工法だ。ダムに水が溜まると、ダムの壁に大きな水圧がかかり、ダムをこわしてしまうことがある。下流側の土台部分に石を積むと、強くできる。
5. **ダムをこわす。**何日もかけて作ったダムでも、終わったら小川を元どおりにすること。

　ダムを作ると、速い川の流れを、静かな池に変えることができます。そこでカエルなどを飼うと楽しいでしょう。しかし同時に、流れない水にはボウフラがわいたりもします。

　小さなダムでも、長い間に小川の環境を大きく変えてしまうこともあります。きれいにこわしたつもりでも、自然に影響をあたえる何かが残っていたりするので注意しましょう。ダムを作る場所を選ぶ時期も、よく考えることが大切です。

30 小川をせきとめよう

> **もっとくわしく**

　コロラド川には7つの大きなダムがあり、水をせき止めています。あまりにも多くの水路で流れが分けられているので、今ではもう、メキシコのカリフォルニア湾まで流れ着く水はありません。

　フーバーダムは、当時としては最大規模のアーチ形重力ダムでした。アーチ形の壁が、溜まった水の圧力を渓谷の両岸に逃がす仕組みです。

　ダムは、下流に流れる水の量を減らすだけでなく、水温も変えてしまいます。

記　　録	気づいたこと、工夫したこと、新しいアイデアなど。	

進行
日付：＿＿＿年＿＿＿月＿＿＿日　できた！

31
地下にもぐろう
地下世界を探検する。

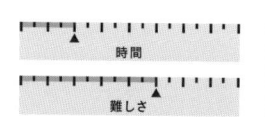

挑戦	経験
技術	工作

時間
難しさ

閉所恐怖症　害獣　ぶつける

31 地下にもぐろう

必要なもの

□ 懐中電灯またはヘッドライト □ ロープ □ 長靴 □ 手袋 □ ヘルメット
□ 大人

警告

自然の洞窟や人が作ったトンネルの中には、さびてとがった金属が突き出ていることがあります。かならず、手袋とヘルメットを着用すること。警告のかんばんや注意書きをかならず読んで守ること。ロープが届かないところへは行かないこと。入口が見えないところへは行かないこと。

やってみよう

1. **手ごろな穴を見つける。**小川が道路の下を流れているところや、大きな排水口（雨の降らない時期で水がないときにかぎる）など。
2. **危険度を調べる。**この穴はいつ作られたものか。鉄の柱などがさびてないか。コンクリートが弱くなっていないか。水が流れているときは、どんな水が流れているか。下水が流れ込んでいる場所はやめよう。ネズミやその他の害獣を見かけたり、人が住んでいそうだったらやめよう。
3. **準備する。**ヘルメットをかぶり、手袋をして、長靴をはく。
4. **ロープを巻く。**腰のまわりにロープを巻いてしばり、もう片方の端を大人に持ってもらう。
5. **探検する。**洞窟、排水口などに入る。手をつく場所には気をつけること。地下ではぬるぬるとすべりやすくなっている場所が多い。

地下に入ったら、目を閉じてしばらく周囲の音を聞いてみよう。トンネルが通じているずっと遠くからの音が聞こえてくることがある。どこから伝わってくる音か、わかるかな？　穴にすむリスなどは、こうして地上を歩く肉食動物の動きを聞いています。

もっとくわしく

現在見つかっているもっとも古い洞窟の壁画は、フランスのショーヴェ洞窟

31 地下にもぐろう

のものです。考古学者が放射性炭素年代測定法で調べたところ、馬やライオンなどの動物の絵は、32,000年前に描かれたものだとわかりました。

閉所恐怖症とは、狭いところに閉じこめられることに極度の不安を感じる精神的症状のことです。エレベーターなどにしばらく閉じこめられるような体験から、閉所恐怖症になる人がいます。

ヒトは、地下で生活するようには進化してきませんでしたが、天然の住居として、または身を守るために洞窟を利用してきました。洞窟で暮らす生物は、真っ暗闇でも生きていけるように、聴覚や触覚が発達しています。洞窟に入ると、地上に適応した私たちの感覚が、いかに暗闇に弱いものかが実感できます。

パリやロンドンなど古い都市には、使われなくなった地下道がたくさんあります。しかし、そこを探検するためには、特別な装備を整えて、しっかりと計画を立てておかないと大変に危険です。

記　録	気づいたこと、工夫したこと、新しいアイデアなど。	

進行
日付：＿＿＿年＿＿＿月＿＿＿日　できた！ ☐

32
タイヤを交換しよう
自分で車を整備できる大人になる。

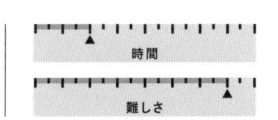

挑戦 経験 技術 工作

時間 難しさ

ケガ つぶされる 痛い

32 タイヤを交換しよう

必要なもの

□自動車（取扱説明書）□ジャッキ □タイヤ交換用工具 □車止め
□大人（タイヤはとても重いからね）

警　告

ジャッキアップした自動車は、すべてのタイヤにタイヤ止めを使ったとしても、とても不安定で危険な状態です。絶対に車の下に体の一部を入れてはいけません。タイヤを留めているホイールナットは、自動車ごとに決められた力で締めつけられています。タイヤの中身は空気ですが、とても重いので気をつけましょう。

やってみよう

　自分でタイヤを交換するチャンスは、実際にはほとんどありません。まだ使えるタイヤをつけているときは、外したタイヤを、また元どおりにつけるという方法で練習しましょう。

1. **自動車の取扱説明書の、タイヤの交換方法が書かれているところを読む。**細かいところまでよく読むこと。とくに、ジャッキをあてる場所をよく調べておこう。
2. **準備する。**自動車を置いて安全に作業できる広い場所を探す。絶対に車が通る路上で行わないこと。ジャッキで車体を持ち上げたときにタイヤが動いてしまわないように、タイヤに車止めをかませる。坂になっているときは、タイヤ止めは、すべてのタイヤの、坂の下側に入れる。完全に水平なときは、前輪は前側に、後輪は後ろ側に入れる。
3. **タイヤを外す。**解説書のとおりに自動車をジャッキで持ち上げ、タイヤを外そう。一般的には、ジャッキを所定の位置にあてる、ホイールナットをゆるめる、ジャッキで車体を持ち上げる、ホイールナットを外す、タイヤを外す、という手順。
4. **タイヤを転がす。**タイヤを転がしてみて、タイヤが実際にはどんなものなのかを実感しよう。タイヤがパンクしているときは、トランクに入っているスペアタイヤと交換しよう。
5. **タイヤを取りつける。**もう一度、説明書をよく読んで、タイヤを自動車に取りつける。タイヤの穴とボルトの位置を合わせて、タイヤを持ち上げてボル

32 タイヤを交換しよう

トに通し、ホイールナットを手で入れて仮留めし、ジャッキを下げて車体を下ろし、工具でホイールナットを締めつける。

6. **確認する。**自動車の持ち主の大人に取りつけ具合、ホイールナットのしめつけ具合を確認してもらう。

自動車も、ほかの機械と同じように、いろいろな部品の組み合わせでできています。分解したり、また組み立てたりができるようになっています。

もっとくわしく

タイヤは、世界中で1年に約10億本作られています。タイヤの側面には共通の記号が書かれています。たとえば、アメリカのTRA規格では最初の文字は用途を示しています。Pは乗用車、LTは小型トラック、STは特殊トレーラー、Tは非常用タイヤです。

記　録	気づいたこと、工夫したこと、新しいアイデアなど。

進行
日付：＿＿＿年＿＿＿月＿＿＿日　できた！

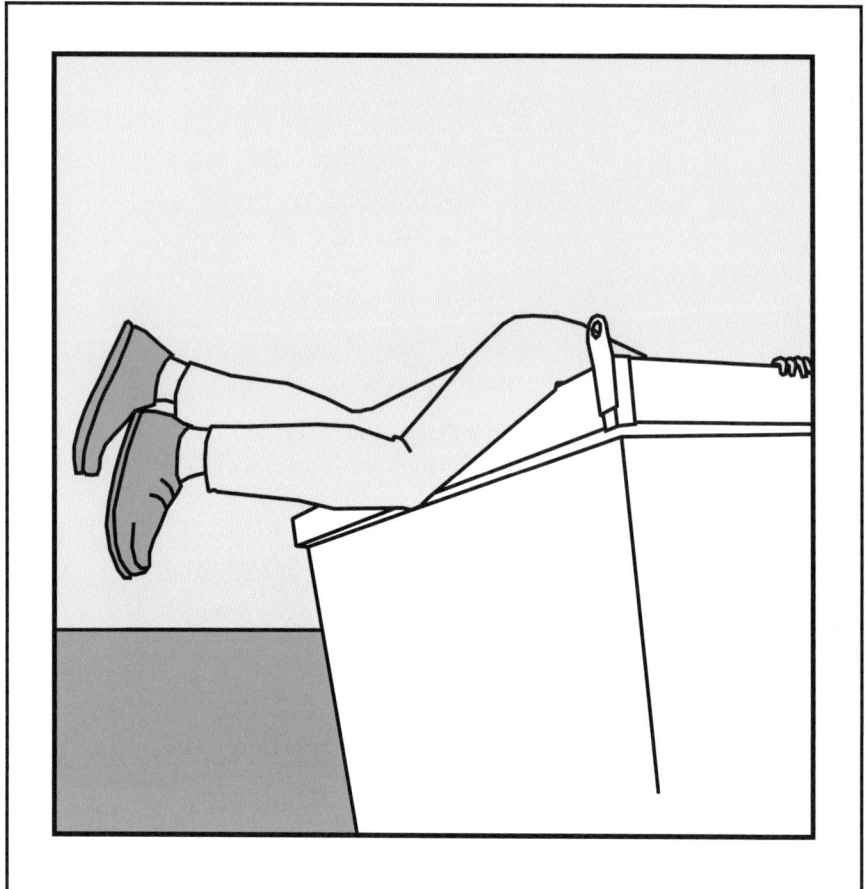

33
ゴミ箱に飛び込もう
埋められてしまう前に使えそうなものをひろう。

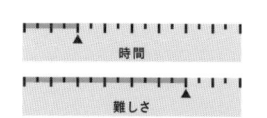

挑戦	経験
技術	工作

時間
難しさ

病原菌　警察につかまる　切り傷

33 ゴミ箱に飛び込もう

必要なもの

□ゴミ箱 □手ぶくろ □長そでのシャツ □長ズボン □底の厚い靴 □大人

警告

ゴミ箱には危険なものも多く捨てられています。ゴミ箱にゴミを捨てる人は、そこに子どもが入りこむなんてことは考えもしません。だから、割れたガラスや、薬品や、コーヒーのカスなどを無造作に投げ入れるのです。医療廃棄物やオムツが捨てられてるゴミ箱には、絶対に入ってはいけません。中に入る前に、何が捨てられているかよく確かめて、中に入ってからは、注意ぶかく動くようにすること。

やってみよう

ゴミ箱は汚くて危険なものです。しかし、なかには、おもしろいものがたくさん捨てられている「いい」ゴミ箱もあります。いつもゴミ箱の中をのぞくようにしていれば、危ないゴミ箱と、いいゴミ箱がわかるようになります。

1. **ゴミ箱を探す。**いいゴミ箱は、工場の近くにある。レストランのゴミ箱は生ゴミが詰まっている。病院のゴミ箱には近づかないこと。アパートやマンションのゴミ箱も、いいゴミ箱ではない。
2. **よく見る。**手ぶくろをしてゴミ箱のふたを開ける。ふたが落ちてきて体を挟まないように、しっかりと開けること。頭に当たって気を失うか、ゴミ箱の中に閉じ込められるおそれがあるから要注意。なにが入っているか、よく見て確かめる。危険なものが見つかったら、次の３つのうち、ひとつの行動をとる。①別のゴミ箱を探す。②危険なものを取り除くか、カバーをする。③それがある場所を避けて動く。
3. **中に入る。**ゴミ箱は、人が出入りするようには作られていない。どうやって出るかを、よく作戦を立ててから入ろう。
4. **いいものを探す。**何かの部品に使えそうなもの、分解して遊べそうなものはないかな？
5. **ひろったものを、外の人にわたす。**

33 ゴミ箱に飛び込もう

　いいものが入っているゴミ箱を見つけたら、その場所を覚えておいて、ときどき中を見てみましょう。いつもおもしろいものが入っていれば、それを捨てている家や店の人に話をして、次からはゴミ箱の外に置いてくれないかと頼んでみましょう。

　もうひとつ、おもしろい廃物を手に入れる方法は、粗大ゴミです。普通のゴミの日には出せない大物が出てくるからです。

もっとくわしく

　ゴミ箱に捨てられているものから、それを捨てている会社が何を作っているのか、何をしているのかがわかる。ライバル会社が何をしているかを知るためにゴミ箱をあさる、などということもあります。このような行為を「産業スパイ」と言います。最近の調査では、常に行われているようです。

記　録	気づいたこと、工夫したこと、新しいアイデアなど。

進行
日付：____年____月____日　できた！

34

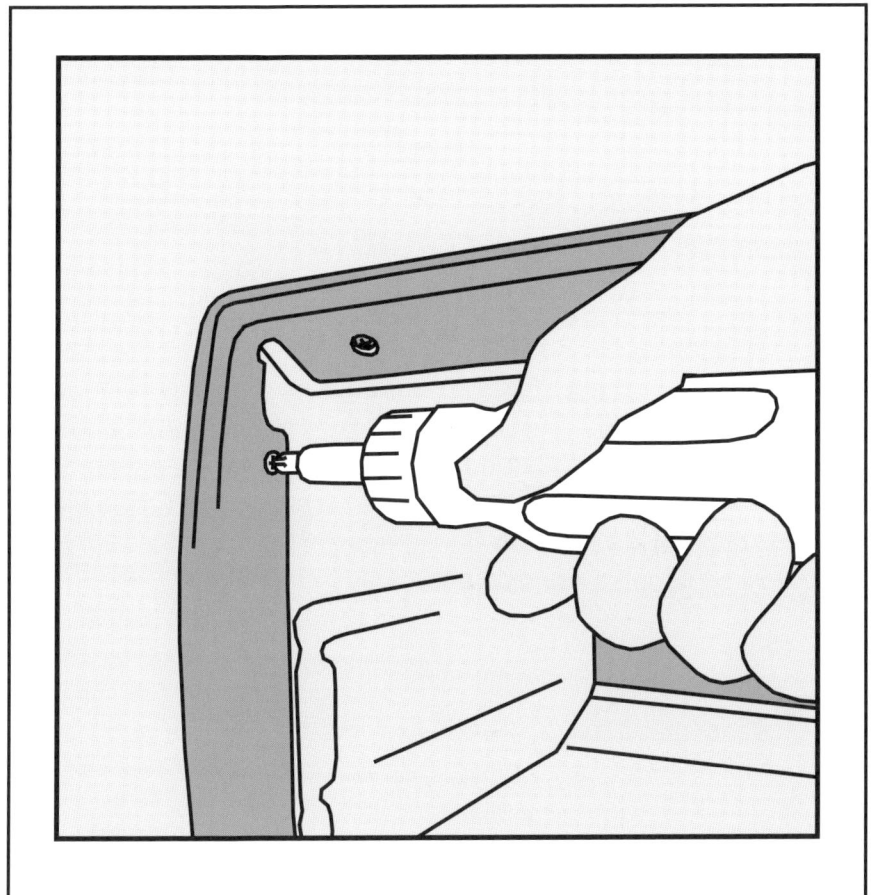

家電品を分解しよう

隠された秘密をあばく。

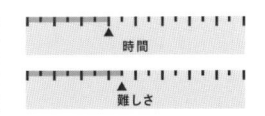

挑戦	経験
技術	工作

時間
難しさ

ケガ　物が飛び出す　ちらかる

34 家電品を分解しよう

必要なもの

☐ こわれた家電品 ☐ ドライバー ☐ ペンチ ☐ モンキースパナ ☐ ニッパー
☐ 保護めがね ☐ 大きなダンボールまたはしき布

警　告

専門的な知識なしに分解すると危険なものもあります。真空管のテレビ、ブラウン管のパソコンのディスプレイ、冷蔵庫などです。分解する前に、外側にはってある警告や注意書きをよく読もう。自動的に扉が閉まる仕掛けなどでは、よくバネが使われています。分解するとそうした部品が飛び出してくるおそれがあるので、かならず保護めがねをかけること。分解して安全かどうかがわからないときは、いろいろ調べてみよう。

やってみよう

　家電品の分解には決まった手順はないので、コツを学ぶことが大切です。重要なのは、元にもどせるように部品をこわさないことです。元にもどせないのは、分解ではなく「破壊」です。

1. **準備する。** 分解した小さな部品をなくさないよう、広い場所を探す。テーブルなどを傷つけないように、作業する場所にダンボールか布をしく。
2. **分析する。** 家電品を外側からよく観察する。ラベルの下にネジがかくれていることもある。また、ネジにカバーがしてあったり、ゴム足で隠れていることもある。どう分解するか、計画をねる。
3. **分解する。** ネジやコネクターなど、外しやすいところから外していく。部品を外したら、それがどのような働きをするものかを観察して考える。
4. **さらに考える。** 分解が行き詰まったら、なにがじゃまをしているのか、よく観察して考える。どうやって組み立てたのかがわかれば、分解のしかたもわかる。どうしてもわからないときは、最低限の破壊でじゃまをしているものを取り外す。
5. **がんばる。** ステップ3と4を繰り返して、もう分解できないというところまで分解する。

　接着材やファスナーを使って分解できなくしているものもあります。そうした

34 家電品を分解しよう

ものは、分解や修理がとても難しくなります。接着材は軽くこじあけるようにすれば、はがせることがありますが、ケガをしないように。

家電品の分解を何度もやっていると、細かい部品がたまってきます。小さな部品は、ふたつきのビンや、食べ物を入れるコンテナなどに整理してしまっておくと便利です。

部品がたまったら、これを使って何かを作るのも楽しいですね。

もっとくわしく

「圧入(あつにゅう)」という手法で組み立てられている家電品もたくさんあります。油圧プレス機を使って、とても小さな溝とツメをがっちりかみ合わせて、はめ込む方法です。分解する人にとって、これは悪夢です。ツメを曲げたり折ったり、ときには切断して外さなければなりません。

記　録	気づいたこと、工夫したこと、新しいアイデアなど。	

進行
日付：____年____月____日　できた！ ☐

35
ゴミの埋め立て地を見に行こう
ゴミ収集車を追いかけて、ゴミの行方を探す。

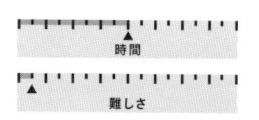

35 ゴミの埋め立て地を見に行こう

必要なもの

□自動車 □底の厚い靴 □お金（もしかして） □大人

警告

ゴミの埋め立て地はとても危険な場所ですが、常識的に行動すれば安全です。また、ゴミの埋め立て地（最終処分場）は地域によって異なります。かならず、処分場ごとの注意や決まりをよく調べて守ってください。

やってみよう

1. **家からいちばん近い処分場の場所を調べる。** ゴミを処理する場所は2種類あります。ゴミ処理場と埋め立て地です。ゴミ処理場は、埋め立て地へ行く前の処理を行うところです。ゴミトラックは、みなここへ集まってきます。ゴミ処理場で働いている人は、この次にゴミがどこへ運ばれるか（最終処分場）を知っているので、聞いてみましょう。
2. **最終処分場へ行く。** 普通、最終処分場はバスや電車で行ける場所にはありません。自動車で連れて行ってもらいましょう。このとき、少しゴミを持っていく。
3. **料金を払う。** なかには、お金を払うと入れてもらえる施設があります。ゴミを持っていけば、お金を払って捨てさせてくれます。
4. **探検する。** 多くの処分場では、ゴミが分別されて置かれています。リサイクルするための缶、ガラス、金属、電池などを集めておくところや、塗料、有害な化学物質、家電品、自動車などを処分するところなどです。そのほかのものは地中に埋め立てられます。大きな機械がゴミを押し固めて、土に埋めていきます。
5. **よく見て写真をとる。** ここが、私たちが作ったり買ったりしたものが、最後に行きつくところなのです。

どんな場所でもそうですが、そこで働いている人たちに敬意をもって、まじめな質問をすれば、きっとこころよく答えてくれるでしょう。見のがしているところを教えてくれたりするはずです。時間があれば、案内もしてくれるかもしれません。

大きな街では、最終処分場が遠く離れていることがあります。しかし、そうした地域では、ゴミ処理場が巨大なので、そこを見学するだけでも十分に成果が

35 ゴミの埋め立て地を見に行こう

あります。

もっとくわしく

　平均的なアメリカ人は、1日に2キログラム近くのゴミを出すと言われています。ほかの主要な国の約2倍です。リサイクルできないゴミは、アメリカ全体で、毎年、1億4,600万トンにのぼり、これを埋め立てるには、深さ180センチに掘ったフットボールのフィールド、5万5,000個が必要になります。

　最終処分場は、生ゴミを入れるための大きな穴ですが、周囲の環境をこわさない仕組みになっています。穴の壁は、プラスティックや粘土でカバーされています。または、保護シートの上にゴミが積まれていきます。

　アメリカには「マウント・ラッシュモア」という珍しい山があります。最終処分場跡に土をかぶせて植物を植えて作られた公園です。

記　　録	気づいたこと、工夫したこと、新しいアイデアなど。	✎

進行
日付：＿＿＿年＿＿＿月＿＿＿日　できた！ ☑

36
友だちに毒を食べさせよう
しょっぱいクッキーでね。

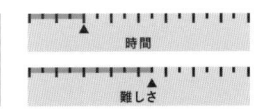

36 友だちに毒を食べさせよう

必要なもの

□ クッキーの材料と作り方 □ オーブン □ キッチンミトン □ 塩
□ クッキーシート □ 料理用のボウル □ 友だち

警告

オーブンの中はとても熱くなります。クッキーやクッキーシートにさわるときは、かならずキッチンミトンなどで手を守ること。

やってみよう

1. クッキーの作り方を見て、好きなクッキーの生地を作る。
2. 粉と液体をまぜる前に、それぞれの分量を半分ずつ分けておく。つまり、クッキー生地の材料を2セット作っておく。
3. 片方の粉に、塩を大さじ3〜4杯入れてよくかきまぜる。
4. それぞれの粉と液体をまぜて、2種類の生地を作る。自分で塩クッキーを食べてしまわないよう、どちらが塩入りかがわかるように目印をつけておこう。
5. クッキーを焼く。

　これで友だちに毒を盛る準備ができました。最初は、友だちをだまして塩入りクッキーを食べさせるのは簡単ですが、もう一度、塩入りクッキーを食べさせるには、うまい計画を立てる必要があります。
　しかし、友だちが引っかかるたびに、友だちは、あなたへの信頼を少しずつ失っていくので注意しよう。信頼を取りもどすためには、食べさせた塩クッキーの何倍もの数の、すごくおいしいクッキーが必要です。
　塩クッキーを自分で食べてみる勇気はありますか？

もっとくわしく

　人をだましてお金をまきあげる詐欺やペテンのことを、英語で「コン」と言います。とても上手に人をだますプロの詐欺師のことを、「コン・アーティスト」と呼んだりもします。コンとは、英語のコンフィデンス（confidence、信頼）を縮めた言葉です。だましの手口には、いろいろな種類があります。

36 友だちに毒を食べさせよう

　有名な手口に、「袋の中の豚」というものがあります。500年も前から農民をだます方法として使われてきたと言われています。詐欺師は、袋の口を開いて中の子豚を相手に見せ、この袋に入った健康な子豚をいくらいくらで売りますと持ちかけます。相手がお金を払うと、詐欺師はお釣りを数えるふりをして、ネコの入った袋とすりかえ、お釣りといっしょにネコの袋を渡します。この手口から、「袋の中の豚は買うな」という英語のことわざが生まれました。よく見ないでインチキなものをつかまされないようにという意味です。また反対に「袋の中のネコを出せ」ということわざもあります。インチキがないようにちゃんと見せろという意味です。

記　　録	気づいたこと、工夫したこと、新しいアイデアなど。	

進行
日付：＿＿＿年＿＿＿月＿＿＿日　できた！

37
強風の中で手作り凧をあげよう
強さと感覚の限界をテストする。

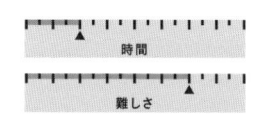

37 強風の中で手作り凧をあげよう

必要なもの

□ 強い風　□ 凧糸　□ 新聞紙、棒、テープ、はさみ　□ 手ぶくろ　□ 友だち

警　告

雷が発生しそうなときは、絶対に凧をあげてはいけません。凧を見上げながら走ると、足下に注意がいかなくなります。公園のベンチや倒れた木のように、足をぶつけそうなものがない広い平らな場所でやりましょう。

やってみよう

　風の強い日は、凧あげがまったく違う感じになります。普通の凧あげのように、どれだけ高くあがるかではなく、どれだけ持ちこたえるかが勝負になります。

1. **凧を作る。**風が強ければ、なんでも飛ぶ。これを利用すれば、いろいろな形の凧を作って実験ができる。この実験の目的は、よくあがる凧を作ることではなく、普通にあがって、強い風にも耐えられる凧を作ること。何度もテストできるように、簡単に作れる凧にしておこう。
2. **凧に糸目と足をつける。**上の糸目が短すぎると、凧は頭を下に向けて落ちてしまう。下の糸目が短すぎると高くあがらない。くるくる回ってしまうときは、足をつけよう。ただし、足が重すぎると凧があがらなくなるので注意。
3. **あげ糸をつける。**「あげ糸」は15メートルぐらいに切って使う。手に持つほうに短い棒をくくりつけておくと持ちやすい。あげ糸をつければ準備完了だ。
4. **凧をあげる。**風下に向かって立ち、あげ糸をしっかりにぎる。友だちに凧を持ってもらい、10歩さがる。さがりながら糸がたるまないように少しずつ糸を伸ばしていく。軽く糸を引き、同時に、友だちに凧をはなしてもらう。

　凧はすぐにあがるとはかぎらない。とくに強い風の中では、調整が必要になる。風の強さに応じて、上下の糸目の長さや、足の長さを調整しよう。凧がこわれてしまったら、なぜこわれたのかをよく調べて、家に帰り、改良型の新しい凧を作ろう。強い風はうずを巻いていることが多い。高い木などが近くにない広い場所なら、一定した風が吹く。

　うまく調整ができれば、凧は高くあがって、まるで生き物のように糸をぐいぐ

37 強風の中で手作り凧をあげよう

い引きながら空を舞います。このほかに、やさしい風の日の凧あげと、どこが違うかを感じ取ってみよう。

もっとくわしく

　上下の糸目の長さを変えることで決まる凧の角度を、航空力学用語で「迎え角」と言います。これは、飛行機の翼と風との角度の関係を表す言葉です。とくに強い風のなかでは、迎え角の調整が重要になります。

　凧の表面から足にそって風が流れます。このとき、空気が足を引っ張るので、凧は上向きの姿勢を保つのです。

記　　録	気づいたこと、工夫したこと、新しいアイデアなど。	✏

進行
日付：＿＿＿年＿＿＿月＿＿＿日　できた！

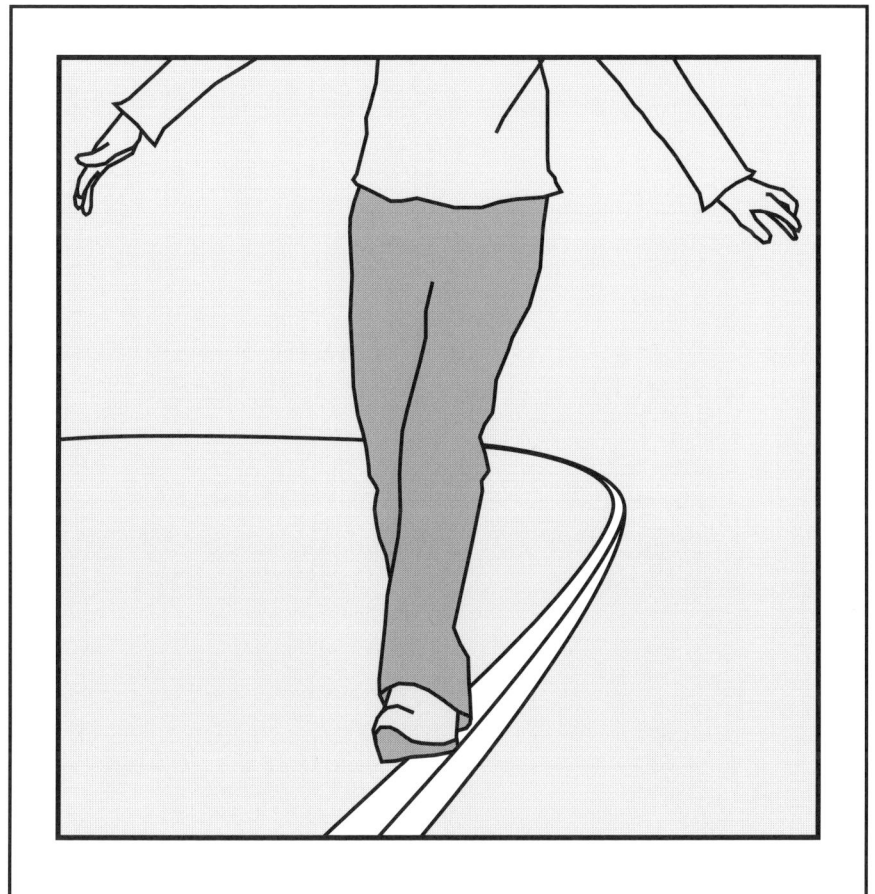

38
つなわたりをマスターしよう
バランス感覚をみがく。

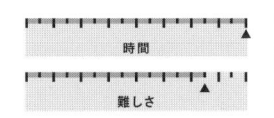

38 つなわたりをマスターしよう

必要なもの

☐ 歩道 ☐ 鉄道の線路、車止めなど

警　告

落ちたらこわいと自分で感じるところは、絶対に歩かないこと。高いところを歩くのは、「16 高いところから落ちてみよう」をマスターしてからにしよう。

やってみよう

　つなわたりは、レールや塀の上を毎日歩いてバランス感覚をきたえていくことで、できるようになります。

1. **自分の感覚を信じる。**歩道などで、長い真っ直ぐな線が描かれている場所を探す。その線をロープに見立てて、その上を前後に歩いてみる。顔は前に向けて、目はまっすぐ前を見る。周辺視野（まわりにぼんやり見える景色）を使って、ロープの上を歩いているかどうかを確かめる。バランスをくずさずに、普通に歩けたときの感じを覚えておく。
2. **バランスを使う。**廃線になって使われていない線路、駐車場の車止め、地面の上に渡されているパイプなどを探す。歩くときにじゃまになるものがないこと。そして、近くに車が走っていないことが大切。ステップ1の道路の線のかわりに、線路をロープに見立てて前後に歩いてみる。
3. **顔を前に向けて、まっすぐ前を見るとバランスが取りやすい。**足の裏でレールを感じながら、周辺視野でレールの場所を確かめながら歩く。

　バランスをくずしたら、手をぐるぐるまわしたりせずに、すぐに降りてやり直すほうがよい。自分の足下を見ながら歩くのは、とても歩きづらい。レールの上を歩くときも、足もとではなくまっすぐ前を見たほうがバランスが取りやすい。
　つなわたりのコツは、ロープを、道の上のただの線だと思うことです。

もっとくわしく

　つなわたりは、専門用語で「フュナンブリズム」と言います。これはラテン語の

38 つなわたりをマスターしよう

ロープを意味する「フュニス」と、歩くという意味の「アンビュレア」を合わせた言葉です。ちなみに、「ソムナンビュリズム」は夢遊病。「ルナンビュリスト」は月夜に歩く夢遊病患者のことです（どっちかと言うとムーンウォークみたいですが）。

人が立っていられるのは、目からの情報と、平衡器官（耳の奥にある器官）と、固有感覚（筋肉や関節からの情報）があるからです。目の見える人の場合は、目からの情報をいちばんよく使います。目を閉じるとまっすぐ立っているのが難しくなるのは、そのためです。

人の体は、上下さかさまの振り子のようなものです。腕を両側に広げると、重心が左右に広がり、角周波数が小さくなって、バランスをとるための時間の余裕ができます。

フィリップ・ペティットは、1974年8月7日、世界貿易センターのツインタワーの間にロープを張り、45分間、ロープの上を歩いたり、寝たり、ダンスを踊ったりしました。地上からの高さは約410メートルです。

記　録	気づいたこと、工夫したこと、新しいアイデアなど。	✎

進行
日付： ___年 ___月 ___日　できた！ ☑

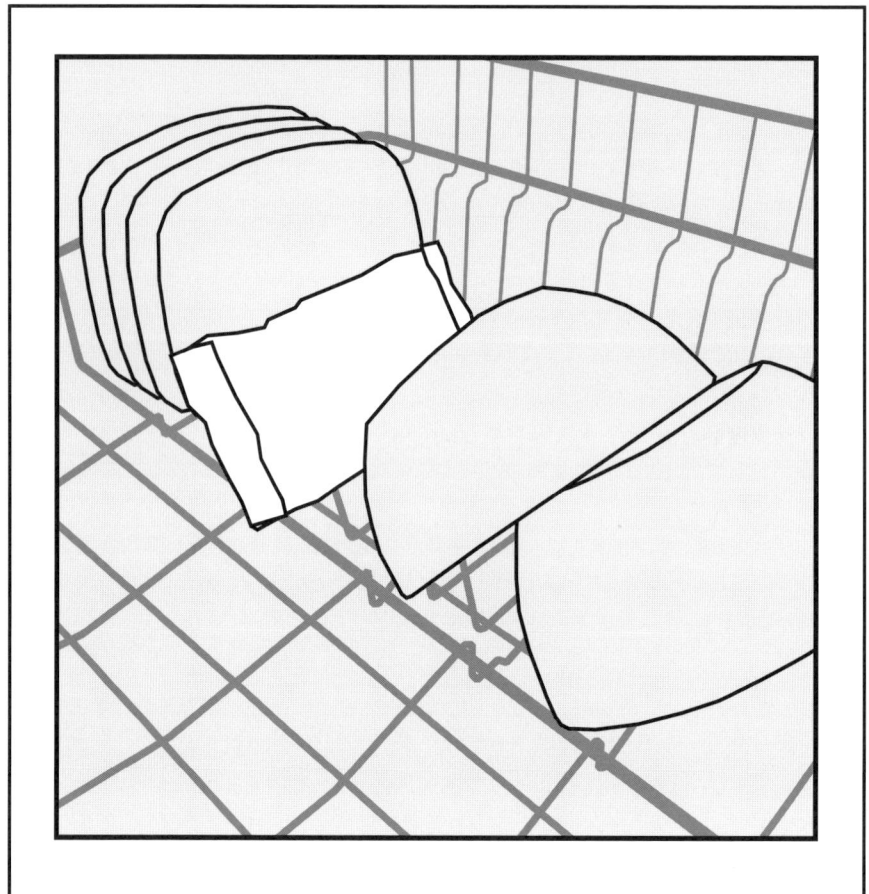

39

食洗機で料理をしよう

機械の隠れた才能を使う。

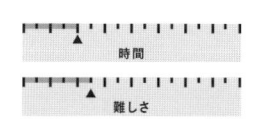

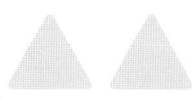

挑戦	経験
技術	**工作**

時間
難しさ

食べ物に毒物が入る

39 食洗機で料理をしよう

必要なもの

☐ アルミホイル ☐ 鶏肉、ソーセージ、野菜など ☐ バター
☐ 塩とコショウ（お好みで）☐ 肉用温度計または大人

警告

火の通っていない鶏肉は危険です。食べる前に、よく確かめること。お肉の料理用温度計を使うか、大人に見てもらおう。

やってみよう

　食洗機で料理をするのは、オーブンで料理するのとそう変わりません。食べ物に洗剤が入らないように気をつけよう。

1. **食材を用意する。** 鶏肉を1センチぐらいの幅に切る。鶏肉がきらいなら、ソーセージや野菜でもよい。リンゴでもうまくいく。食材をアルミホイルの中央に置き、バターを乗せ、塩と、好きなスパイスで味つけをする。
2. **しっかり包む。** アルミホイルの端を上で合わせて、ぐるぐると巻き、水がもれないようにしっかりと包み込む。これを食洗機の上の棚（3段敷きなら真ん中の棚）に置き、汚れた食器も入れる。棚や食器でアルミホイルに穴が開かないように注意。
3. **料理する。** お湯の温度がいちばん高いモード（70度以上）で食洗機をスタートさせる。乾燥が終わるまで待とう。
4. **確かめる。** アルミホイルの包みを取り出し、穴が開いていないかを確かめる。穴が開いていたら、それは捨てて、はじめからやり直す。包みを開き、鶏肉にしっかり火が通っているかを確かめる。
5. **味わう。** 食洗機チキンにはトーストがよく合う。

　オーブンは、高い温度を中にとじこめる箱です。そう考えると、食洗機も似たようなものです。お湯が吹き出るノズルがあったり、洗剤を入れたりしますが、中が高い温度になるのは同じです。だから、ちょっと工夫すればオーブンのかわりになるのです。

　次は、トースターを使わずにトーストを作る方法を考えてみましょうか。

39 食洗機で料理をしよう

> **もっとくわしく**

　食洗機は、食器をごしごしこすって洗うわけではありません。汚れが落ちるまで、食器にバシャバシャお湯を吹きつけるのです。これには、洗剤の力も借ります。洗剤には、水道水に含まれるカルシウムやマグネシウムでガラスのコップがくもらないように、リン酸塩系研磨剤(さんえんけいけんまざい)が含まれているものもあります。しかし、リン酸塩は、街の近くの海や湖で大量の藻(も)を発生させる原因にもなっています。現在の食洗機は効率化が進んでいますが、それでも、人が手洗いするときの2倍の水を使います（節水型の食洗機には手洗いよりも使う量が少ないものもあります）。

記　録	気づいたこと、工夫したこと、新しいアイデアなど。	✏

進行
日付：＿＿＿年＿＿＿月＿＿＿日　できた！　☐

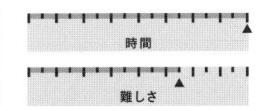

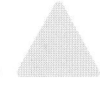

40
ミツバチの巣を見つけよう
毒を持つ生物との接近遭遇。

40 ミツバチの巣を見つけよう

必要なもの

☐ ミツバチ ☐ 暖かい日 ☐ 身を守る服（あれば）

警告

ハチに刺されると、ものすごく痛いので気をつけよう。ハチの巣を見つけたら、ハチ用の防護服を着ていないときは、絶対に近づかないこと。ハチの毒のアレルギーを持っている人がいます。もしあなたがそうであれば、この活動は行わないでください。

やってみよう

　確実にミツバチの巣を探し出す秘策はありません。注意深く観察して、根気強く調べるしかありません。まずは、ハチが集まってくる花や植物を探します。ハチは、花粉や花の蜜を集めるために、巣から2キロ以上も離れた場所まで飛んでいく冒険家です。都会でも、窓の鉢植えや庭の花に飛んできます。郊外では、野原や道ばたの草花に飛んできます。

　ハチが食料集めをしている場所がわかったら、体にいっぱい花粉をつけたハチが飛んでいくところを追いかけます。重い花粉をつけたハチは、巣から出てきたばかりのハチのようにすばやく飛べません。それでも、1匹の小さなハチを見失わずに長い時間追いかけるのは大変なことです。夕方になると、ハチはいっせいに巣に帰るので、そのときがねらい目です。

　一度にあまり時間をかけられないときは、何日かにかけて、ハチの巣を探します。まず、ハチが花粉を集めている場所から、ハチを追いかけます。時間切れになったら、その場所を覚えておき、次の日は、そこでハチが通るのを待ちます。そこからまたハチを追いかけて、行けるところまで行きます。これを繰り返せば、いつかハチの巣にたどりつきます。

　ハチの巣は、10匹ほどで作る小さなものから、何千匹ものハチがいる大きなものまでいろいろです。養蜂家の巣箱には、とてもたくさんのハチがいます。どんなに小さなハチの巣でも、絶対にハチを怒らせてはいけません。巣にイタズラをすれば、一度に何匹ものハチに刺されてしまいます。

　ハチは、高い木やビルの上のほうに巣を作ることがあります。観察しやすい場所に巣を見つけるまでには、何度も挑戦する必要があるかもしれません。

40 ミツバチの巣を見つけよう

> もっとくわしく

　ミツバチ、アリ、シロアリは、カリバチ（スズメバチなど）から進化しました。カリバチとミツバチは、似ているように見えますが、ミツバチには毛が生えているのに対して、カリバチには毛がありません。クマバチにも毛が生えていますが、ミツバチよりも大きく、丸い形をしています。

　ミツバチは、一度しか刺すことができません。刺した針は体から抜けてしまうので、そのまま死んでしまいます。それに対して、カリバチやクマバチは何度でも刺すことができます。

　カリバチと、それから進化した昆虫たちには「社会性」があると考えられています。その点において、動物界ではとても珍しい存在です。こうした「社会性昆虫」の巣には「女王」がいて、それが卵を産んでいます。そのほかは労働者（働きバチや働きアリ）として巣の管理にあたっています。彼らは、巣が危険にさらされたときには、命をかけて巣を守ります。

記　録	気づいたこと、工夫したこと、新しいアイデアなど。	✏

進行
日付：____年____月____日　できた！ ☐

41
公共の乗り物で街を横断しよう
世界のナビゲーターになる。

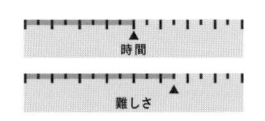

挑戦	経験
技術	工作

時間
難しさ

放浪癖がつく　不便　交通事故

41 公共の乗り物で街を横断しよう

必要なもの

☐ バスや電車の運賃 ☐ 携帯電話 ☐ 路線図

警告

駅、停留所、電車、バスなどに書かれている安全のための注意書きをよく読むこと。混雑しているときは、おおぜいの大人が走ったりします。子どもに気をつかってくれないこともあります。

やってみよう

今どこにいるのかがわかれば、いつでも帰り道がわかります。

1. **行き先を決める。**この活動の目的は、「旅」をすることなので、行き先はどこでもかまいません。
2. **ルートを調べて紙に書く。**家にいちばん近い駅やバス停から出発して、どの路線に乗って、どこで乗りかえるかをよく考えて計画を立てる。公共の乗り物には、便利なところと不便なところがかならずあるので、そのバランスを考えるのがコツ。
3. **お金を用意する。**大金は必要ない。行って帰るだけの運賃と、計画が変わったときのための、少し余分なお金を持とう。しっかりとした財布に入れて、体の前にあるポケットに入れよう。携帯電話の充電も忘れずに。
4. **電車またはバスに乗る。**家を出て、いちばん近い駅かバス停に向かう。旅の始まりだ。
5. **よく見る。**自分のまわりの新しい世界に何があるかをよく見よう。ひとり旅は自由で楽しいが、自分の面倒は自分で見なければならない。
6. **到着を知らせる。**行き先に到着したら、家に電話をして伝えよう。どうやって帰るかも知らせておくこと。

計画どおりには行かないのが現実。渋滞によるバスの遅れ、電車の運休などはよくあることです。そんなときも、路線図の見方を知っていれば、すぐに別のルートを見つけられます。迷ったり、どうしていいかわからなくなったら、バスの運転手さんや駅員さんに聞くと、親切に教えてくれます。ほかのお客さんに聞く

41 公共の乗り物で街を横断しよう

より、たしかな情報が聞くことができます。

これが簡単すぎたと感じたときは、計画を立てずに駅やバス停に行って、そこで行き先を決めるというやり方もあります。

もっとくわしく

自家用車を使うより、公共交通機関を使うほうが10倍安全だと言われています。

アメリカ合衆国は、総延長22万5,120キロメートルという世界最長の鉄道網がありますが、乗客数ではインドに及びません。しかも線路の総延長はアメリカの4分の1しかありません。

乗り物の輸送効率は、ガソリン1リットルで乗客1人を何キロメートル運べるか（人キロ／リットル）で表すことができます。燃費が1リットルあたり10キロメートルの乗用車に運転者が1人だけ乗っているときは10です。もう1人誰かが乗れば20になります。誰も乗っていないバスが3だとすると、40人のお客さんが乗ると120になります。運転者1人の乗用車に比べて10倍の差です。

*訳注：原書で使われている「passenger miles per gallon」（1ガロンあたりの乗客移動マイル数）に相当する単位が、日本にはないため、ここでは「人キロ／リットル」としました。

記　録	気づいたこと、工夫したこと、新しいアイデアなど。

進行
日付：＿＿＿＿年＿＿＿＿月＿＿＿＿日　できた！

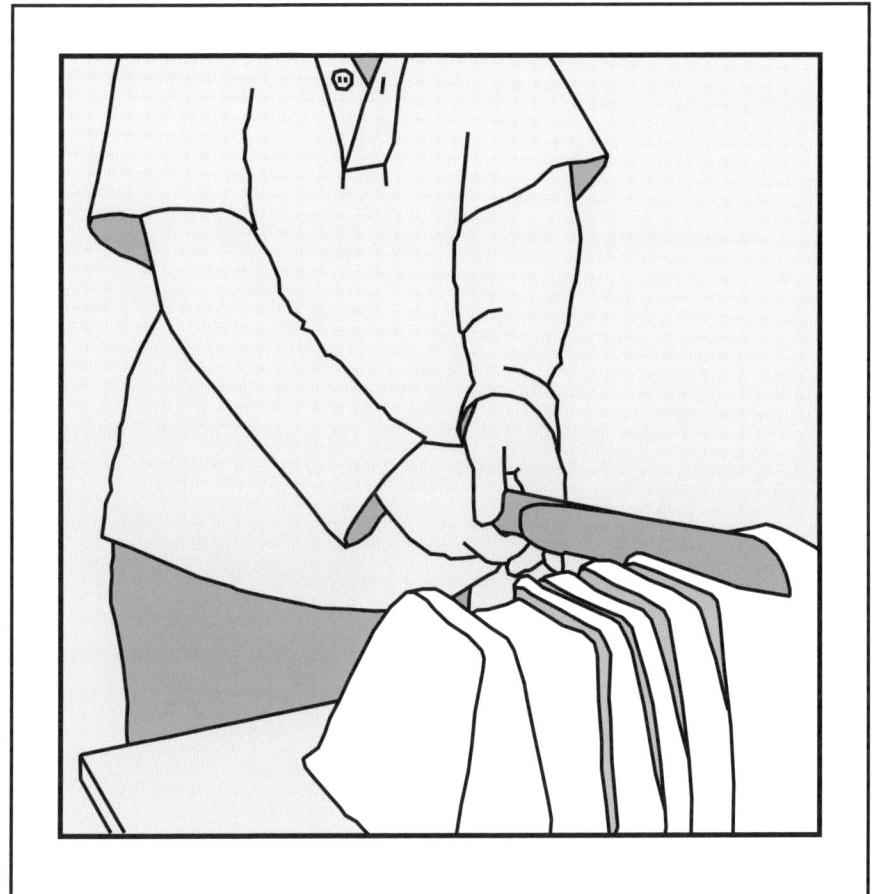

42
レシピ本にさからおう
自分だけの焼き菓子を作る。

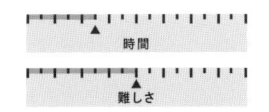

42 レシピ本にさからおう

必要なもの

☐ オーブン ☐ キッチンミトンや鍋つかみ
☐ ケーキの材料（小麦粉、バター、卵、牛乳など）☐ ボウル ☐ ケーキ型
☐ ペーパータオル

警　告

こわがらずに実験してみよう。とは言うものの、食べられないものを入れてはいけません。オーブンに入れたものは、すごく熱くなります。かならず、キッチンミトンなどを使って取り出しましょう。

やってみよう

　新しいものを発明するためには、実験、テスト、改良という過程をふむ必要があります。お菓子のレシピの組み合わせは無限にありますが、だれもやっていない、びっくりするような組み合わせを試すことには大きな意味があります。新しくておいしいお菓子が完成するまでには、気持ち悪いものもたくさんできてしまうかもしれませんが、それが「試す」ということです。

1. **材料をそろえる**。好きな材料を集めて、キッチンのテーブルの上にならべる。まぜあわせたらおいしそうだと思う組み合わせを考えよう。ここで、オーブンを180度ほどに余熱しておく。
2. **生地を作る**。生地とは、焼き菓子の材料をまぜ合わせたもの。普通は、小麦粉、牛乳、卵をまぜて作るが、ほかの方法もある。たとえばカスタードは、卵と牛乳だけで作る。
3. **クリエイティブになる**。生地に好きなものをまぜ込む。スパイス、レーズン、チョコレートチップ、ポテトチップなどあれやこれや。まぜたら、オーブンに入れる前に、何をどれだけ入れたかを記録しておこう。
4. **ケーキ型を準備する**。ケーキ型の内側に、ペーパータオルを使ってやわらかくしたバターを塗る。その上から小麦粉を薄くはたく。ケーキ型をかたむかせて、粉が全体に均一につくようにする。キッチンの流しの上でケーキ型をさかさにして軽くたたき、余分な粉を落とす。
5. **生地をケーキ型に流しこむ。**

42 レシピ本にさからおう

6. **オーブンに入れて焼く。**5分か10分おきにオーブンの中を目で確かめる。表面が茶色くなってきたら、串などを刺してみる。串が軽く抜けて、生地がついてこないようなら中まで焼けている。焼くのにかかった時間を記録しておこう。
7. **オーブンの火を止める。**キッチンミトンをしてケーキ型を取り出し、10分間冷ます。火がついていないコンロの上に置くとよい。
8. **味わう。**どんな味かをくわしく記録して、次に役立てよう。

もっとくわしく

　ベーキングソーダは、酸と反応して二酸化炭素（炭酸ガス）を発生させます。ケーキなどを焼くときには、ふわふわにふくらませるためにベーキングソーダを入れることがあります。これは「吸熱反応」なので、熱を加えないとガスは出ません。ケーキ作りでは、このほうが好都合です。ボウルで生地をまぜている間にガスがすべて抜けてしまっては、ケーキがふくらまないからです。

記　録	気づいたこと、工夫したこと、新しいアイデアなど。	

進行
日付：＿＿＿年＿＿＿月＿＿＿日　できた！ ☐

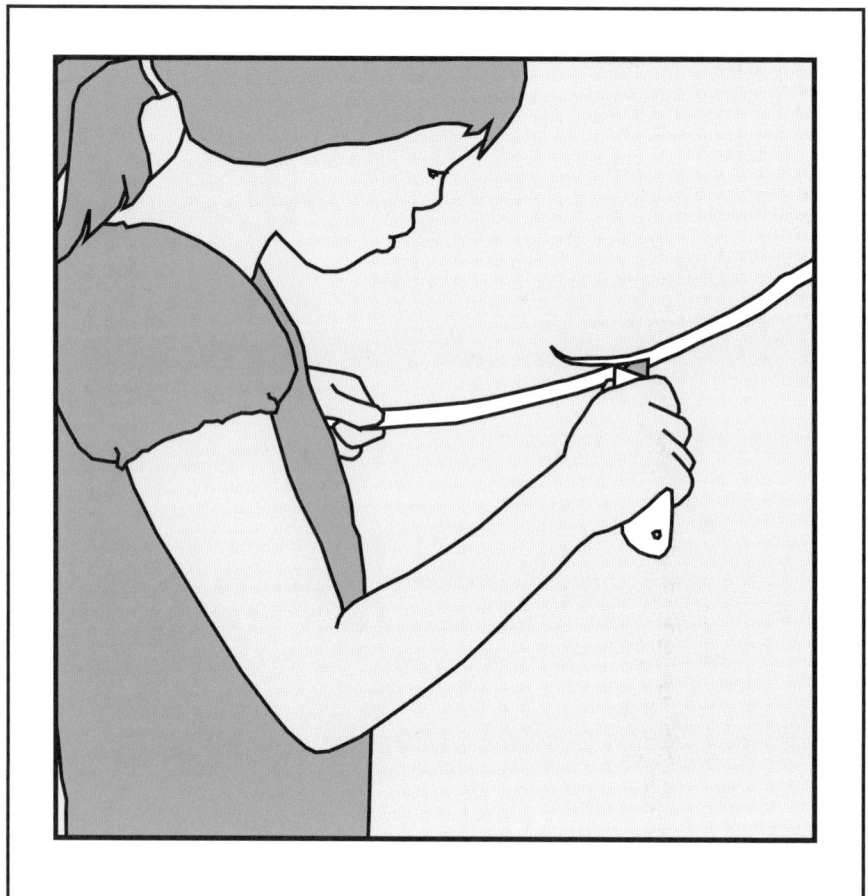

43
ナイフで削ろう
ナイフを使って木を削る方法を学ぶ。

挑戦	経験
技術	工作

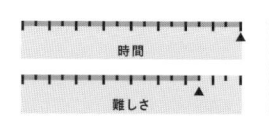

時間
難しさ

切り傷　イライラ　人の物をこわす

43 ナイフで削ろう

必要なもの

□ 木の棒　□ ナイフまたはカッター　□ がまん強さ　□ 大人

警告

折りたたみ式ナイフを使うときは、刃がロックできるものを使うこと。力を入れすぎないこと。一度にあつく削ろうとしないこと。ナイフの刃が届くところに人がいないこと。かならず、自分から向こうに刃を動かすこと。

やってみよう

　ナイフで木が削れるようになれば、なんでも自由に作れるようになります。ただし、木彫（きぼり）の技術はギターの演奏と同じように、本当に上手になるためには長い時間、がまん強く練習する必要があります。最初からうまくできなくても当然です。

1. **ナイフの刃を安全に、確実に出したり引っこめたりする練習をする。**折りたたみ式ナイフのときは、刃を出したら、きっちりとロックをかける。ナイフを利き手に持つ（右利きの人は右手、左利きの人は左手）。もう片方の手に棒を持つ。
2. **棒にナイフの刃をあてる。**ナイフの刃のまんなかあたりを棒にのせるようにあてがい、棒に刃が食いこむように、ほんの少しだけナイフに角度をつける。ナイフの刃が棒の上をすべっていかないよう、または、刃が棒に深く食いこんで動かなくならないよう。うすく削れるように刃の角度を調整する。
3. **ナイフを押し出して木を削る。**刃を木に食いこませる。刃が深く入るほどナイフは重くなる。あまり深く削ろうとしないで、うすく削っていくのがよい。
4. **ナイフの角度を変えて削った木を切りはなす。**ナイフの刃を木の棒と平行にすると、ナイフが木の外に出て削った部分の木が切りはなされる。

　思いどおりに木を削れるようになるまで、ステップ2から4を繰り返そう。丸い棒の面を平らに削って四角くしてみよう。
　ナイフの腕は、スピードよりも正確さが大切。どこかに座って、じっくり木を削るというのは、とても心の落ち着く作業です。よい練習になるだけでなく、削れた木がまるまって落ちていく様子を見るのは、気持ちがよいものです。

43 ナイフで削ろう

　思いどおりに木が削れるようになれば、きざむ、穴を開ける、彫る、組むなど など、何百という木彫の技術を学べるようになります。

　自分のポケットナイフを持つためには、責任を持ってナイフを管理できるようになることが第一条件です。

もっとくわしく

　イヌイット族の子どもは、4歳になるまでに非常にするどいナイフを使って、主食であるアザラシの脂身を切り取る訓練をします。

　ここに紹介した木を削る方法は、ナイフの基本です。これと同じテクニックを使って、人々は昔から髪の毛ほどの細いものを削り出したり、丸木船のような大きなものを作ったりしてきました。

　金属が使われるようになる前は、鋭くとがった石のナイフが使われていました。今見つかっているもっとも古いポケットナイフは、2500年も前のものです。

記　録	気づいたこと、工夫したこと、新しいアイデアなど。

進行
日付：＿＿＿年＿＿＿月＿＿＿日　できた！ ☐

44
ロープスイングで遊ぼう
自分で作ったものに命をあずける。

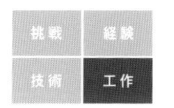

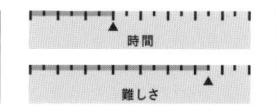

挑戦 経験 技術 工作

時間 ▲
難しさ ▲

切り傷 落ちる 痛い

44 ロープスイングで遊ぼう

必要なもの

□ 丈夫なロープ □ がんじょうな木の枝 □ 大人

警　告

がんじょうそうに見えても、中がくさっている枝があります。自分の命をあずける前に、ロープをかける枝をよく調べて、大人に確認してもらおう。ロープをかけて、地面に立った状態でロープを引っ張ると、枝の強さが確認できます。

やってみよう

1. **木を選ぶ**。自分の体と同じぐらいの太さの枝があり、枝の先まで緑の葉がたくさんついている枝を探す。その枝の下には、大きな岩や根が顔を出していないこと。枝にロープが引っかかってとれなくなったときは、木に登ってとれるかな？
2. **ちょうどいいロープを探す**。自分の体重の2倍の重さをかけても切れないロープを使う（ロープを買うときに、ラベルの「安全強度」、「安全荷重」などの表示を確かめてください）。細いロープしか手に入らないときは、安全強度が自分の体重の2倍になるようにたばねて使う。長さは、枝に引っかけても両端が地面につくぐらいがよいが、結び目を作るための余裕ももたせる。
3. **ロープをかける**。ロープの片方の端を握り、もう片方の端を投げて木の枝に引っかける。なかなか届かないときは、長いヒモに石を結わえつけ、石を枝に投げてまずヒモをかけてから、そのヒモにロープを結びつけて引っ張るとよい。
4. **位置を確かめる**。枝のちょうどいい場所にロープがかかっていることが大切。幹からはなれすぎていると枝が折れやすい。幹に近すぎると、スイングしたときに幹にぶつかってしまう。
5. **しっかり結ぶ**。3と4のステップを繰り返して、ロープを枝に巻きつける。こうしておくと、ロープがこすれて枝が傷ついたり、ロープが抜け落ちることがない。
6. **スイングしよう！**

ロープにつかまって、ぶらんぶらんとゆれてみよう。ロープにぶら下がってい

44 ロープスイングで遊ぼう

ると、すぐに手が疲れてしまうはず。そんなときは、ロープに結び目をつけるとつかみやすくなります。または、ロープの端に板やタイヤを結びつけてブランコにしてもいいでしょう。

公園の木を使ったときは、帰るときにはかならずロープを外して、元の状態にもどすこと。

もっとくわしく

ロープスイングやブランコは、物理学では「振り子」と言います。振り子が1回往復する時間は、振り子のヒモのいちばん上から（枝にロープを結んだところ）から重り（あなた）までの長さで決まります。ブランコをこぐと大きくゆれるようになるのは、この長さに変化をつけているからです。ブランコが前に下りるとき、体を後ろに反らすと、重り（頭の位置）とロープの結び目の間が長くなります。ブランコが上るとき、体を起こすと、重りとロープの間が短くなって、スピードが速くなり、勢いでちょっとだけ高く振れます。これは、「角運動量保存の法則」によって、ブランコの長さが変化して生まれたエネルギーが速度に変換されるからです。

記　録	気づいたこと、工夫したこと、新しいアイデアなど。	
	進行 日付：＿＿＿年＿＿＿月＿＿＿日　できた！	□

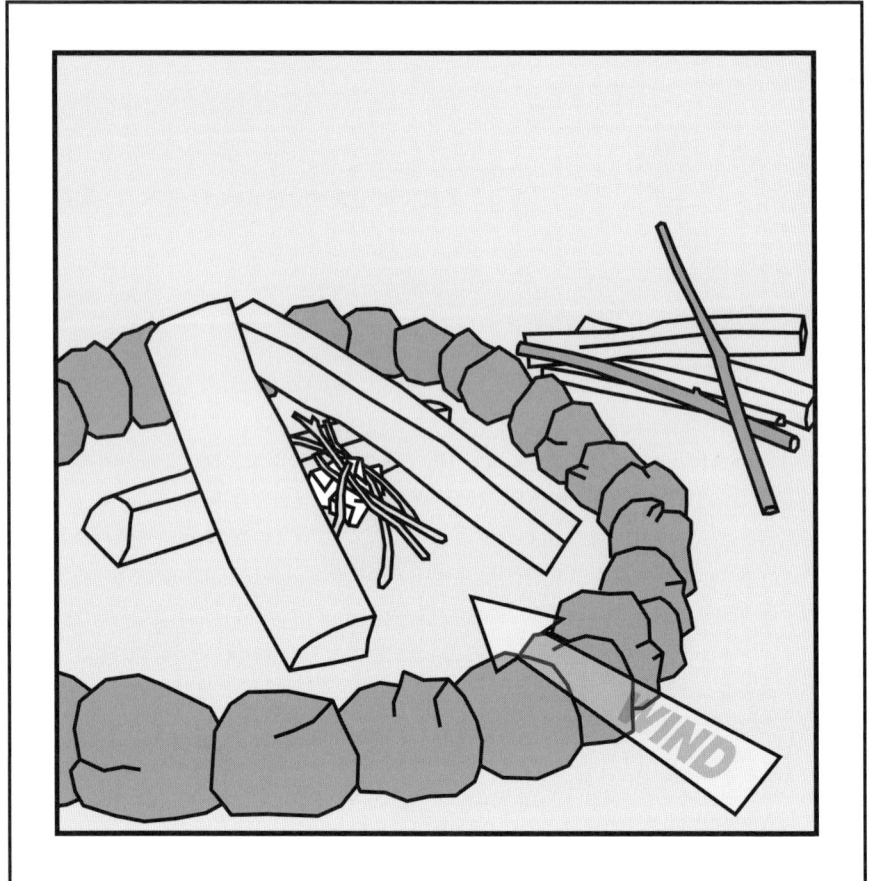

45
火遊びをしよう
自然界でもっともおそろしい力をあやつる。

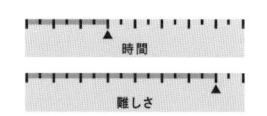

45 火遊びをしよう

必要なもの

- □ 公園のバーベキュー場やキャンプ場の焚き火ピットなど
- □ 水の入ったバケツ　□ 薪 —— いろいろな太さ、いろいろ長さの太めの木
- □ たきつけ —— 小枝などの細くて燃えやすい木
- □ 火口 —— 固く丸めた紙や枯れ葉など　□ マッチまたはライター　□ 大人

警　告

焚き火から出る煙や目に見えないガスは、人の体に害をおよぼすことがあるため、風とおしのよいところで行うこと。何かがあったときにすぐに火が消せるように、バケツの水か、水道のホースを用意しておこう。一度火をつけたら、それが完全に消えて、冷たくなるまで、責任をもって管理すること。

やってみよう

薪の形や燃え方は、どれもみな違います。風の状態も、いつもかならず違います。なので、毎回、まったく同じ方法では焚き火はできません。ここに示すものは、あくまでも焚き火の一般的なやり方にすぎません。これをもとに、状況に合わせて工夫してください。

1. **状況を見る。** 風があれば、どちらから吹いてくるかを調べる。風のあるときは、焚き火の「前」と「後ろ」を決める。風上の方向が前になる。普通は、煙を吸い込まないように「前」に立つなり座るなりする。
2. **基礎を作る。** 幅が広くて平らな面のある薪を、焚き火の「後ろ」側に横向きに置く。これは、火の熱を逃がさないための、また小さな火が風で消されないようにするための壁になる。
3. **火口をセットする。** 横向きに置いた薪の近くに火口を置き、その上に小枝を立てかけて、屋根を作るように並べる。その両脇に、細めの薪を、基礎の薪に立てかけて並べる。
4. **薪を積み上げる。** 集めた木の中から、火かき棒としてちょうどいい長さと太さの棒を数本、より分けておく。火かき棒は、焚き火に火をつけたり、火の中の薪を動かしたりするためのものだ。
5. **火をつける。** 火口の下側から火をつける。そうすると、火は火口を伝って薪

45 火遊びをしよう

に燃え移りやすい。火は、下よりも上に燃えうつりやすい。火口や薪が湿っているときは、静かに息をふきかけて着火させよう。ぬれてしまったものは燃えないので、乾いているものと交換しよう。

6. **火を大きくする。** 薪が燃え始めたら、薪よりも、少し太めの木を火の上に重ねていく。いきなり太い薪を乗せると、小さな火を押しつぶしてしまう。せっかくついた火を消してしまうこともあるから注意。

7. **効率よく燃やす。** 太い薪は、真ん中だけが燃えて両端が燃え残りやすい。全体が燃えるように、ときどき火かき棒を使って薪を動かしてやる。薪全体を燃やすことで、使う薪の量を節約できる。

8. **火を消す。** 火を消すときは、全体に水をかけて、薪だけでなく灰もしっかりとぬらすこと。灰も高温になっているので注意が必要だ。水をかけるとジュッという音がするので、よくわかる。火が消えたら、焚き火のあとを棒でかきまわして、乾いているところがないかを確かめる。乾いているところがあれば、水をかけて完全にぬらす。すべてが手でさわれるぐらいに、水で冷やす。

　上手にやれば焚き火は何時間でも燃え続けます。ジャガイモやサツマイモをアルミホイルに包んで焚き火のふちに並べておけば、焼き芋ができます。
　この本には、このほかにも火を使う活動がいくつかあります。火を消す前に、それらの活動を行ってもよいでしょう。

もっとくわしく

　なぜ、水をかけると火が消えるのでしょうか。ひとつは、水が薪を包んで、燃えるために必要な空気が行かなくなること。もうひとつは、水を蒸発させることにエネルギーがうばわれ、燃えるために必要なガスが作れなくなるためです。この2つの理由が合わさって、燃え続けることができなくなるのです。
　自動車のエンジンは、シリンダーの中で燃料を燃やして、そのエネルギーを運動エネルギーに変換しています。こうした装置を「内燃機関」と呼びます。これに対して、外で火を燃やして、その熱を運動エネルギーに変換する装置を「外燃機関」と呼びます。内燃機関のほうが外に逃げていくエネルギー量が少ないため、より効率的です。
　火を燃やすと一酸化炭素が発生します。このガスは人体に有害であり、地球温暖化の原因のひとつでもあります。

45 火遊びをしよう

記　録	気づいたこと、工夫したこと、新しいアイデアなど。

進行
日付：＿＿＿年＿＿＿月＿＿＿日　できた！ □

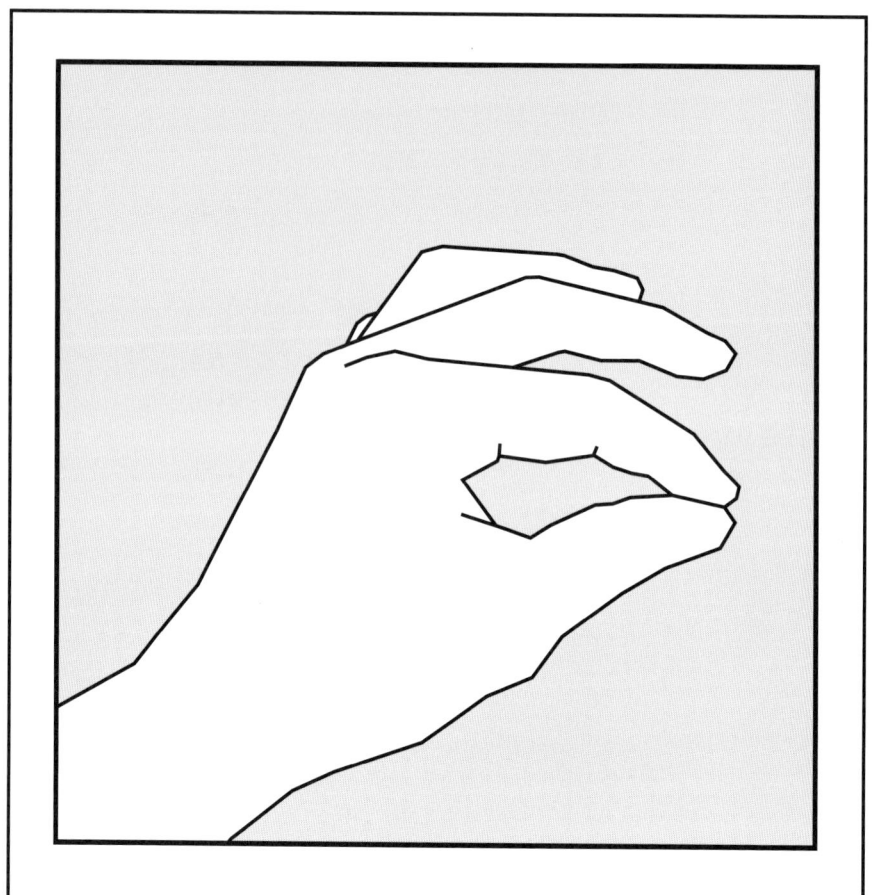

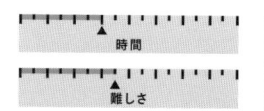

46
指を瞬間接着剤でくっつけよう
親指が使えない生活を体験する。

挑戦	経験
技術	工作

時間 ▲
難しさ ▲

イライラ　人のものをこわす　ケガ

46 指を瞬間接着剤でくっつけよう

必要なもの

□ 瞬間接着剤　□ ワックスペーパー　□ ネイルリムーバー（あれば）

警告

接着した指を無理にはがそうとすると、皮がむけるなどのケガをします。時間がたてば、自然にはがれます。すぐにはがさなければならないときは、指と指の間にアセトン（ネイルリムーバー）をたらしてください。
瞬間接着剤を使うときは、かならず何かをしきましょう。テーブルや床にこぼれると、とれなくなることがあります。

やってみよう

1. **準備する。**手をよく洗って、よく乾かす。指に土や油がついていると、接着材がうまくつかない。
2. **どちらかの手を選ぶ。**接着材で指をつける手を決める。不便さを体験するためには利き手のほうが効果的（右利きの人は右手）。
3. **接着材をたらす。**人さし指の腹に瞬間接着剤を1滴たらす。これ以上たらすと、あとでとれにくくなるので注意。
4. **くっつける。**瞬間接着剤をたらした人さし指と親指をくっつけて、30秒間、動かさずに待つ。

これで指がくっつきました。この状態で、普段やっていることを、やってみてください。ピーナッツバターのビンのふたを取ってみたり、コンピュータのキーボードを使ってみたり、携帯電話で友だちにメールしてみたり、靴のヒモを結んでみたり、食事をしてみたり。

指の表面は、水分や油分を分泌します。また、いちばん外側の細胞は、新しい細胞ができると同時にはがれ落ちていきます。そのため、しばらくすると、接着材も、1時間から4時間ぐらいで自然にはがれます。

指がくっついている間に、親指と人さし指が使えない状態で普段の作業ができるよう、あなたの脳は手の使い方の回路を切り替えます。こうした脳の回路の切り替えは、体が成長し衰えていく一生の間に、つねに行われています。しかし、親指と人さし指は生まれたときからずっと使ってきたものなので、接着材がはがれて再

46 指を瞬間接着剤でくっつけよう

び使えるようになれば、一瞬にして、すべての指を使う元の回路にもどされます。

もっとくわしく

　瞬間接着剤とは、シアノアクリレート系接着剤の総称です。第二次世界大戦中、コダック研究所が銃の照準器を開発していたところ、シアノアクリレートの強力な瞬間接着力を偶然に発見して、瞬間接着剤として製品化したのです。
　シアノアクリレート系接着剤は、皮膚をくっつける力がとても強いために、傷口をぬうかわりに使われることもあります。また、水に強いため、海の中の折れたサンゴの修復や、サンゴの移植などにも使われています。
　接着材が物どうしをくっつける原理は3つあります。物と物の間の小さなすき間を埋めて固まるもの。物と物を化学反応でつなげるもの。そして、ヤモリの足のように静電気でくっつくものです。
　人類が、20万年前にすでに接着剤を使っていた証拠があります。

記　録	気づいたこと、工夫したこと、新しいアイデアなど。	

進行
日付：＿＿＿年＿＿＿月＿＿＿日　できた！　☐

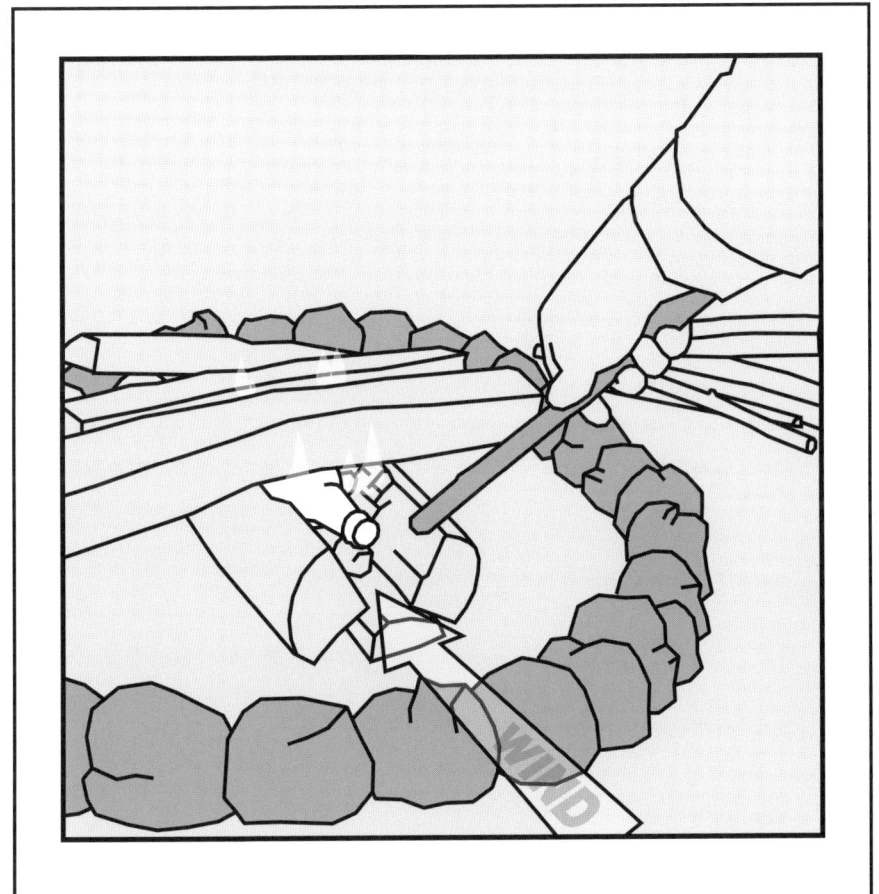

47
ガラスを溶かそう
火をすごく高温にする。

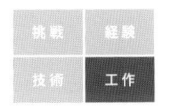

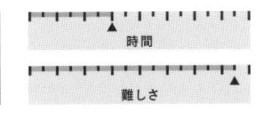

47 ガラスを溶かそう

必要なもの

- ☐ 焚き火(「45 火遊びをしよう」)とバケツの水
- ☐ ガラスビン(ジュースか薬のビン) ☐ 保護めがね ☐ 大人

警　告

溶けるまでに熱したガラスを急速に冷やすと、破裂して粉々にくだけることがあります。ガラスを溶かしたあとの焚き火を消すときは、水をかけずに、自然に燃えつきるまで見守りましょう。また、水をかけずに放置しても大丈夫な場所で行いましょう。

やってみよう

　薪が燃える温度は約500度。しかし、ガラスが溶ける温度は800度ほどなので、焚き火に入れただけではガラスは溶けません。そこで、焚き火の温度を上げるために、酸素をたくさん送り込み、火をガラスのまわりに集中させるようにします。

1. **焚き火ができる場所を探す。**周囲に燃えやすいものがなく、焚き火が自然に消えるまで、そのままにしておいても大丈夫なところを探そう。
2. **オーブンを作る。**ガラスのビンがちょうど入るぐらいの間をあけて2本の太い薪を並べ、その間を風がとおるよう、風向きにそろえる。この薪と薪の間が燃焼室になる。
3. **火をつける。**風上側が焚き火の「前」。風下側が「後ろ」で、こちらから風が抜ける。燃焼室の前、三分の一ぐらいのところに火口と薪を入れて火をつける。
4. **火を大きくする。**薪に火がついたら、静かに吹いて火を強くする。大きな2本の薪が燃え始めるまで、薪や、少しずつ太めの木を継ぎ足して火を大きくしていく。
5. **ビンを入れる。**保護めがねをかけて、棒を使ってビンをいちばん熱くなっていそうなところに入れる。細めの薪を、燃焼室の屋根になるように並べて、熱を閉じこめる。ただし燃焼室の前からの風の流れを止めてしまわないように。
6. **火をさらに強くする。**静かに息を吹きつけながら、太めの薪を足し、ビンの

47 ガラスを溶かそう

形がくずれはじめるまで火を強くしていく。ビンは、熱で柔らかくなると、自分の重みでつぶれてくる。

7. **冷ます**。火が自然に消えるまで待つ。急いで火を消すと、温度が急に下がってガラスが割れてしまうからだ。火が消えて薪にさわっても熱くないぐらいになったら、棒を使ってビンを取り出す。ビンは割れやすくなっているので、慎重に扱うこと。

もっとくわしく

「ふいご」は、焚き火に空気を送る道具です。たくさんの空気を入れることで、火は大きく高温になります。ガラスを溶かしたいときは、とくに便利です。

自然界では、火山、落雷、いん石の落下などでガラスが作られます。植物の灰と砂を熱とガラスができます。なので、砂浜で焚き火をするとガラスができることがあります。そうしてガラスが発見されたと考えられています。

記　　録	気づいたこと、工夫したこと、新しいアイデアなど。	✏

進行
日付：＿＿＿年＿＿＿月＿＿＿日　できた！ ☐

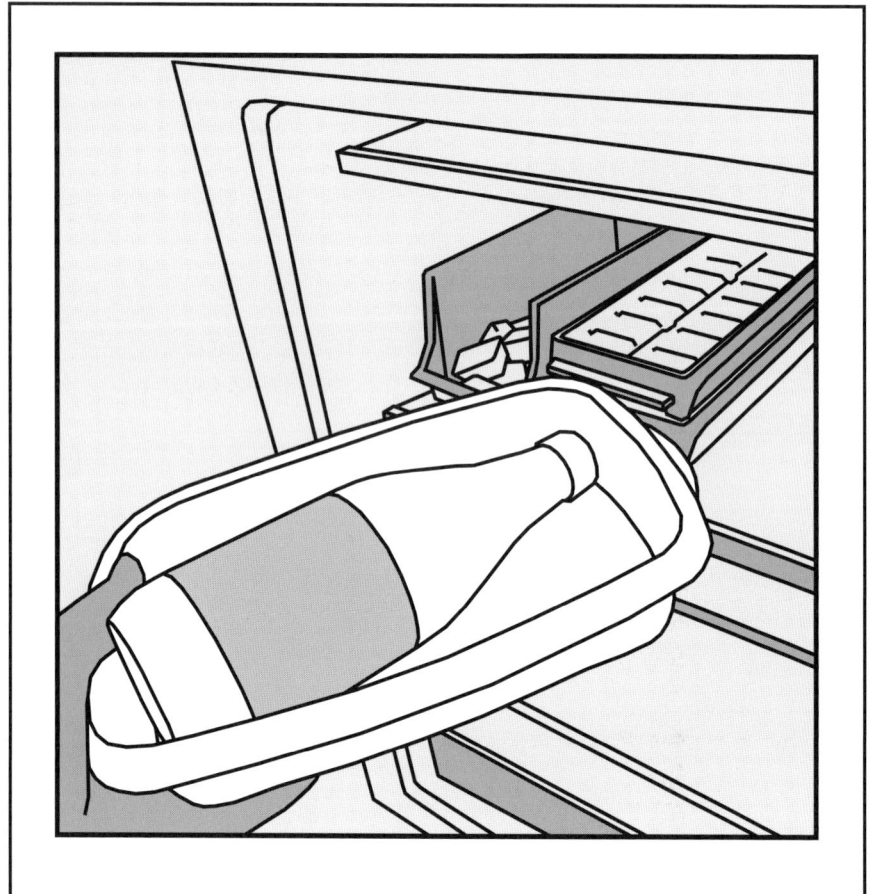

48
冷凍庫でビンを破裂させよう
スローモーションで見る。

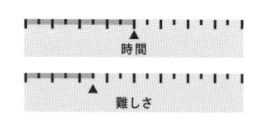

48 冷凍庫でビンを破裂させよう

必要なもの

□ ふたができるガラスのビン　□ ビンが入るプラスティックの容器

警　告

割れたガラスは鋭くとがっていて、とても危険です。ちょっとさわっただけで指が切れることがあります。割れたガラスを片づける方法をよく考えてから、冷凍庫にビンを入れましょう。

やってみよう

　この活動は、待っている間にほかのことができます。

1. **ビンを探す。**ふたができる清涼飲料水のガラスビンが最適。中身を飲んだあと、水を入れてふたをきっちりしめる。
2. **実験の準備をする。**中にビンを入れて、冷凍庫に入れられるサイズのプラスティックの容器を用意する。
3. **凍らせる。**プラスティック容器にビンを入れて、冷凍庫に入れる。冷凍庫の中にガラスの破片が飛びちらないように、布などをかぶせておくとよい。
4. **待つ。**普通の冷凍庫なら、ビンの中の水が凍るまで1時間ぐらいかかる。
5. **見る。**ビンの水が凍ったかどうか、容器を静かにゆらしてみる。
6. **さらに待つ。**ビンが割れるまで、ステップ4と5を繰り返す。

　ビンがどのように割れたかをよく観察して、どうしてそのように割れたのか、その原因を考えてみよう。
　違う形のビンでもやってみよう。冷凍庫に入れる前に、どこが割れるかを予測して、印をつけておくとよい。
　氷は水に浮く。私たちはそれが当たり前だと思っていますが、もし、氷が暗く冷たい海の底に沈んで、絶対に浮き上がってこなかったとしたら、どうなるでしょうか。赤道付近の塩水湖を除いて、地球上のほとんどの海や湖が凍ってしまいます。うう、寒む。

48 冷凍庫でビンを破裂させよう

> **もっとくわしく**

　凍ると膨張するという水の性質が、岩山の崩落の一因になっています。岩の割れ目に染みこんだ水が、冬になって凍ると、膨張して割れ目を押し広げます。翌年、ここにさらに多くの水が染みこみ、次の冬にはさらに割れ目が広がります。

　現在知られている金属以外の物質の中で、凍ると体積が増えるものは水だけです。液体のときよりも、固体のときのほうが密度が低くなるため、氷は水に浮かぶのです。

　氷の中に泡ができるのは、水が凍るときに、水に溶けていた気体が水から押し出されるためです。

　氷河期とは、地球表面の大半が氷におおわれる時期のことです。氷河期は、およそ4万年に1度の周期で訪れますが、大きないん石の落下、大きな火山の爆発、炭素系燃料の使用などによって、周期は変化します。

記　録	気づいたこと、工夫したこと、新しいアイデアなど。	

進行
日付：＿＿＿年＿＿＿月＿＿＿日　　できた！

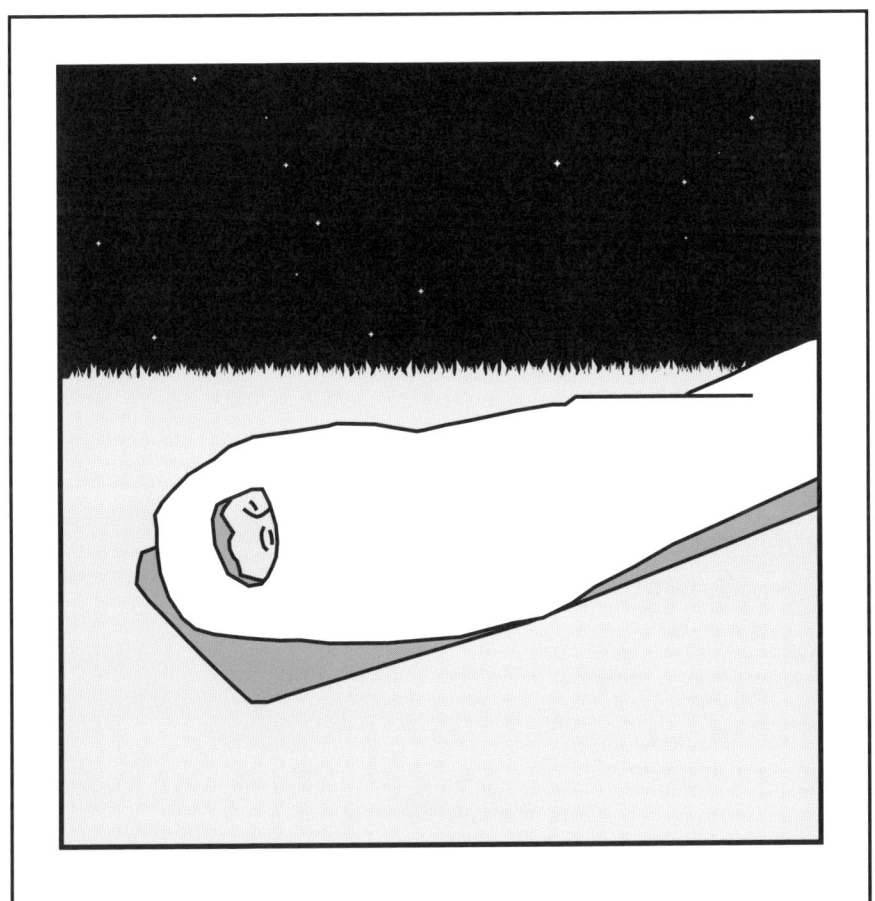

49
野宿をしよう
暗闇の恐怖に打ち勝とう。

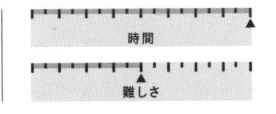

49 野宿をしよう

必要なもの

☐ シュラフまたは毛布　☐ シュラフマット（欲しければ）
☐ まくら（欲しければ）　☐ 懐中電灯　☐ タープ

警　告

街の近くでクマなどの猛獣が目撃されることは滅多にありませんが、まったくいないわけではありません。その土地の動物管理センター（日本では市町村の役所、役場）などに問い合わせて、危険な動物の動向を調べておこう。寝ている場所から、すぐに避難できるように、安全な建物の入口までのルートを整えておくことも大切です。

やってみよう

1. **場所を決める**。街灯や庭の明かりなどが届かない、暗くて広い場所を探そう。寝たときに、石などが背中にあたらない、平らな場所がよい。
2. **寝具を用意する**。シュラフまたは毛布、まくらなど、快適に眠るための寝具をそろえる。寒いときは、毛糸の帽子をかぶる。
3. **天気を確かめる**。湿気の多いときは、露が下りるので、防水対策をしておく。
4. **寝床を整える**。タープを張り、その下にマットを敷き、シュラフまたは毛布を敷く。
5. **寝る**。すぐに手の届くところに懐中電灯を置き、シュラフに潜り込んですやすやと眠る。

　人間の「闘争・逃走反応」は、新しい場所、とくに壁で守られていない場所で眠るときに強く表れ、どんな小さな音も聞きのがすまいと、聴覚が緊張します。
　聞きなれない音を聞いたとき、そこにどんな危険がひそんでいるかを考えるために、想像力も活発になります。この想像力をおさえられないと、遠くで犬が吠えたり、風で木の葉がゆれるたびに、びっくりして家にかけこむことになります。

もっとくわしく

　西部開拓時代のカウボーイたちは、夜の間、焚き火をたやしませんでした。

49 野宿をしよう

暖を取るためだけでなく、動物を近づけないためです。ほとんどの動物は火をおそれるので、食べ物があっても、火があれば寄ってきません。

　昔から、人の体温の50パーセントは頭から失われると考えられてきましたが、近年の研究では、頭部から特別に多くの熱が逃げるわけではないことがわかりました。しかし、寒い屋外で活動するときは、どうしても、体の中で頭の露出度がいちばん多くなります。結果として、頭から多くの体温が逃げていくことになります。

　ダウンは、水鳥などからとれる、軽くて柔らかい羽毛です。シュラフの中綿などにダウンがよく利用されていますが、それはダウンの断熱効果がとても高いからです。しかし、ダウンはぬれたり、押しつぶされたりすると、断熱効果を失ってしまいます。

　シュラフには、マイナス50度でも使えるものがあります。つまり、氷点下50度の屋外でも寝られるだけの温度を保ってくれるのです。

記　　録	気づいたこと、工夫したこと、新しいアイデアなど。

進行
日付：＿＿＿年＿＿＿月＿＿＿日　できた！

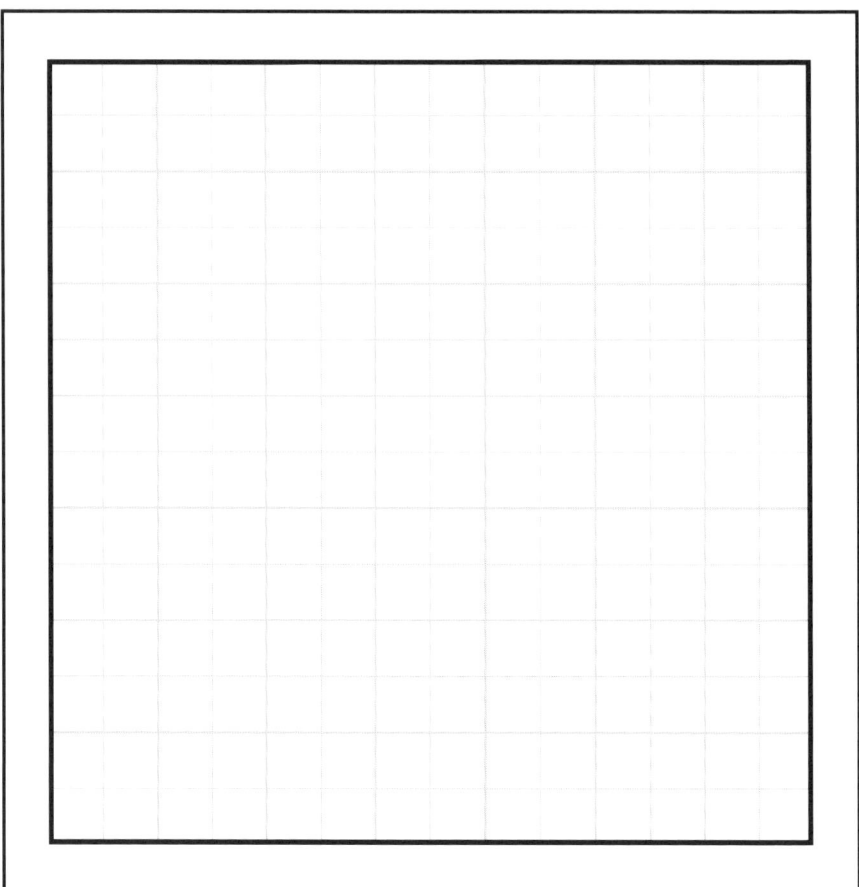

50
なにかしよう
自分で活動を考えて、書いてみよう。

挑戦	経験
技術	工作

時間

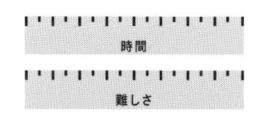

難しさ

50 なにかしよう

必要なもの

☐

警　告

やってみよう

1.
2.
3.
4.
5.
6.

もっとくわしく

　おじいさん、おばあさん、ご近所の大人、外国で生まれ育った人、田舎で育った人、子どものときに工場で働いていた人など、いろいろな体験を持つ大人やお年寄りに、子どものころにどんな遊びをしていたかを聞いて参考にすれば、あなたがやってみたい活動が見えてくるかもしれません。

50 なにかしよう

記　録	気づいたこと、工夫したこと、新しいアイデアなど。

進行
日付：＿＿＿年＿＿＿月＿＿＿日　できた！ ☐

なぜ

どの活動にも意味があります。

01 9ボルト電池をなめてみよう
▶ 普段、食べ物の味を感じるための途中の工程を省いて、舌の神経に直接刺激を与えることで、味覚とは何かを体験できます。

02 あられの中で遊ぼう
▶ 気象災害のニュースを見るにつけ、悪天候は厄介者と考えがちですが、あえて悪天候を肌で感じることで、天候や自然の見え方が変わってきます。

03 完ぺきなでんぐり返しを決めよう
▶ でんぐり返しは危険ではありません。

04 フランス人のようにキスで挨拶しよう
▶ 外国のあいさつの仕方を覚えることで、外国の文化を身近に感じることができ、パーソナルスペースについて、または「恥ずかしい」とはどういうことかを考えるきっかけになります。

05 車の窓から手を出してみよう
▶ 手を翼のように動かすことで、空気が物を引っ張ったり押したりする作用、つまり空気力学の基本概念を直感的に理解できます。自動車の窓は、とっても身近な風洞実験室なのです。

06 釘を打とう
▶ 大した作業ではないように思えますが、釘打ちは指先を微妙に操る高度な技術です。私たちの生活は釘で支えられています。実際に釘を打つことで、大工さんたちの腕の高さを実感し、さらに、頭でわかっていること、実際に「できる」こととの違いを学びます。

07 車を運転しよう
▶ 子どもはいつも車に乗せられる側として、車の運転は見慣れています。アニメでは、運転者はハンドルをぐるぐる回す場面がよく登場します。しかし実際にやってみると、乗客として、またはアニメで見なれている運転とはまるで違うことがわかります。運転とは、いかに忙しいものかもわかります。また、大きな機械を操縦する体験から、子どもに自信がめばえます。

08 やりを投げよう

> 私たちの脳には、物を投げるための特別な回路があります。やりを投げると、その回路は結果を予測し、目からの情報を整理し、結果をまとめます。つまり、やりを投げるごとに、頭の中で科学実験のプロセスを踏んでいるのです。

09 ポリ袋爆弾を作ろう

> 私たちの体も化学物質で作られています。化学物質の環境の中に住み、化学物質を食べて生きています。しかし、実験をかねて化学物質で遊べる機会はほとんどありません。単純な化学反応を試すことが、物質と化学の関係をより深く理解するためのきっかけになります。

10 電気掃除機で遊ぼう

> 空気は、細い管や狭い空間で動きが制限されると、特別な性質を見せます（渦巻き、ベンチュリ効果、衝撃波など）。空気の流れは目に見えないので、手で触れたり物を介することで、これらの現象を実感できます。

11 石を投げよう

> 石を手にとった瞬間から、その石が及ぼす影響に対する全責任を負うことになります。石を投げる訓練をすると、たいていのものがうまく投げられるようになります。人の肩は、物が投げられるように発達しています。

12 ドライアイスで遊ぼう

> 二酸化炭素には特殊な性質があります。そうした特質を、実際に目で見て、あれこれ試すことで、知識として学ぶよりも、直感的に理解できるようになります。ドライアイスを水に入れると、二酸化炭素の流れを目で見ることができ、科学的な探求対象がさらに広がります。

13 紙コップでお湯をわかそう

> 沸騰する水が物を冷やすと聞いても、直感的には理解しがたいでしょう。「冷やす」と言っても、あくまで相対的な温度の問題です。火は紙を燃やし水が火を消すという当たり前の現象を、特別な形で見て学びます。

14 電子レンジに変なものを入れてみよう

▶家電製品をはじめとする身の回りの道具は、ものごころがつくまでは、最初からそういうものとして、深く考えようとしません。電子レンジのマグネトロンは、顕微鏡と同じくらい便利な実験道具です。

15 走っている車から物を投げよう

▶風の抵抗は抗力のひとつの形です。しかし、ある程度以上強い風を受けなければ抗力は感じられません。動くものや投げられたものは、みな空気の抗力を受けます。速い動きの中で物を投げることで、大きな抗力を実感できます。

16 高いところから落ちてみよう

▶落ち方を習得することで、地面から受ける衝撃を上手に逃がすことができます。安全に飛び降りる方法を心得ておけば、高所で無為にパニックにおちいることも少なくなります。本書には、落下による危険をともなう活動がいくつかありますが、この術を身につけておけば危険を低減できます。

17 虫めがねで物を燃やそう

▶屈折という現象は、反射に比べてわかりづらいことがありますが、レンズで遊ぶと、その概念が実感できます。太陽は、地球上に膨大な光のエネルギーを降り注いでいます。レンズを使うと、そのエネルギーを操ることができ、驚くような現象を引き起こすことができます。

18 ひとりで歩いて帰ろう

▶歩くと脳が刺激されて、不安が軽減されます。歩く習慣を身につけると、記憶力が向上し、日常的に運動ができ、自立性や幸福感が養われるというように、一生の宝となります。意外に思われるでしょうが、子どもが同じ距離を移動するとき、乗り物を使うよりも歩くほうが安全なのです。

19 屋根の上に立とう

▶屋根の上は子どもにとってエベレストの頂上に匹敵します。屋根に安全に上って安全に下りることは、ラインホルト・メスナーの初めての登山とまったく同じ快挙です。

20 ノコギリを使おう

▶ ノコギリの練習は、楽器の練習と似ています。最初は、すごくむずかしそうに見えますが、練習を重ねれば、だんだんうまくなって、楽しくなってきます。思いどおりに木材を切れるようになれば、あなたの想像力しだいで、なんでも作れるようになれます。

21 目かくしで1時間すごそう

▶ 目が見えない生活を体験します。私たちは目が見えるのが当たり前と思っていますが、視覚を失ってはじめて、そのありがたみがわかります。同時に、目の見えない人の日常生活がどれほど大変なものかが実感できます。

22 鉄を曲げよう

▶ コンピューターの中は、複雑な電子回路とプログラムからなる「ブラックボックス」ですが、仕組みを理解すれば完全にコントロールできます。物質もまた、仕組みを理解すればコントロールが可能なブラックボックスです。これを理解することは、知的好奇心に加えて、創造的な心も育てます。

23 ガラスビンを割ろう

▶ 私たちは、物を壊してはいけないと教えられてきました。とりわけガラス製品です。そのため、私たちはガラスを割ることを恐れ、誤って割ってしまうと大変にあわてます。これらの感情は、割れたガラスを扱うときの障害にもなります。そのため、人に植えつけられた不安や恐怖心を緩和させるために故意にガラスを割ることも、ときには重要です。

24 空飛ぶマシンを作ろう

▶ ドライクリーニングで洋服にかかっている薄いビニールの袋を使った熱風船で、熱い空気と冷たい空気の重さの違いが視覚的によくわかります。また、ヘアードライヤーを使用することで、家電製品を決められた用途だけでなく、こうした実験にも応用できることを体験できます。

25 太陽を見よう

▶ 太陽を見る装置を作ることで、太陽の表面はどうなっているのかという疑問に自分で答えることができます。また、同じ疑問を持つ多くの人たちと一緒に見ることができます。

26　かっこいい殺陣を学ぼう

❯「殺陣」は、入念な筋書きをもとに連続動作を行うアクションです。手品と同じように殺陣にもタネがあり、それを理解すれば映画のシーンから多くを学ぶことができます。対立を表現する場面ですが、じつは相手との密接な協調関係によって成立します。

27　パチンコを作ろう

❯ パチンコも、自分の肉体に関するメンタルモデルを拡張するという点において、普通の道具と何ら変わりません。パチンコはまた、イタズラへの招待状でもあります。遊びながら、どこまでが許される範囲か、何をすると信用を失うのかを探り、自制心を身につけていきます。

28　木登りしよう

❯ 木登りは、木が成長したり傷を治したりする様子や、枝の重みや風圧などに耐える巧妙な構造を間近に観察できるよい機会でもあります。木に登ると、独特の開放感が味わえます。親や周囲の目から遠く離れた感じがします。

29　パフォーマンスに挑戦しよう

❯ 恥ずかしい気持ちを克服して、おおぜいの知らない人たちの前で芸を行うことで、自信をつけます。公衆の面前で話をする訓練になるだけでなく、将来的に、個人のコミュニケーション能力（面接、交渉、論争の解決など）の開発にもつながります。

30　小川をせきとめよう

❯ 水で遊ぶことで、水圧や水の浸食といった現象を体で理解することができます。小川は、物理学、工学、生物学の実験要素を備えた完璧な遊び場です。ダム作りは、私たちの個別の、または集合的な関与が生態系に与える影響を考えるよいきっかけになります。

31　地下にもぐろう

❯ 洞窟や地下排水溝などの地下空間には軽い気持ちで入ることはできません。地上とはまったく違うルールで成り立っている過酷な環境であるため、普段の感覚が通用しないことがあります。最初は地下排水路などから始めるとよいでしょう。地上との違いを素直に受け入れることが重要です。

32 タイヤを交換しよう

▶緊急事態に対処する訓練を積むことで、自己救済力の自信がつきます。免許を取得する前にタイヤ交換を経験しておけば、自動車に対するメンタルモデルは「複雑で理解できない移動装置」から「人が作った修理可能な機械」へと変化します。またオーナーズマニュアルを読むことで、説明書の読解力を高めます。

33 ゴミ箱に飛び込もう

▶ある人にとってはゴミでも、別の人にとってはとても価値のあるものかもしれません。おもしろいものが捨てられているゴミ箱を実際に見れば、そのことが理解でき、私たちが捨てた物の潜在的な価値を学ぶことができます。

34 家電品を分解しよう

▶普段、家電製品は魔法の箱のように思われています。それを形作っている細かい部品について考えることはあまりありません。あらゆる工業製品は、正体の明らかな部品に分解できます。丸ごと捨てられていたかもしれない部品も、分解して取り出せば、いろいろな形で再利用が可能です。

35 ゴミの埋め立て地を見に行こう

▶私たちが出したゴミが処理される工程を見ることで、私たちの生活習慣が生態系に与える影響が実感できます。

36 友だちに毒を食べさせよう

▶イタズラを仕掛けても大丈夫そうな友だちを選ぶことは、友だちとは何かを考えるよい機会になります。また、ひとたび信用を失うと、それを取り戻すためにどれだけの誠意と、思いやりと、忍耐が必要であるかを学びます。

37 強風の中で手作り凧をあげよう

▶凧は翼を簡易化したものです。微妙な調整で、飛び方が大きく違ってきます。ほんの少し設定を変えるだけで結果が大きく変わることから、直観に頼る技能が養われます。また、嵐の日に外で活動することから、嵐の爽快さを実感し、悪天候はかならずしも不便なばかりでなく、考えようによっては楽しいということを学びます。

38　つなわたりをマスターしよう

▶細い足場の上を楽に歩けるようになれば、屋根の上で作業をしたり、川の丸木橋を渡ったり、または芸として披露することもできます。基本の技能（歩くこと）から失敗（落下）を恐れる気持ちを切りはなして考える方法は、これ以外のさまざまな場面でも訳に立ちます。

39　食洗機で料理をしよう

▶家の中には熱源として使えるものがたくさんあります。捨てられる熱を上手に利用することが、資源保護につながります。食洗機のほかにも熱源として利用できる日用品を探してみると、いろいろな製品の秘められた可能性を見出すことができます。

40　ミツバチの巣を見つけよう

▶時間をかけてミツバチを観察し、その行動について考えることは、とても身近な生物学的調査活動です。人間の生物圏において、ミツバチは大切な役割を果たしています。私たちが依存している植物の3分の2以上がミツバチによって受粉されています。他と同じく、この活動は成功しないかもしれません。失敗は常に付いてまわるものです。

41　公共の乗り物で街を横断しよう

▶旅をするごとに、自分の世界は大きくなっていきます。公共交通機関は、街を移動するときにもっとも安全な手段です。この使い方に慣れておくと、世界が広がります。

42　レシピ本にさからおう

▶焼き菓子は失敗の少ない科学実験です。自分だけのレシピを作り出すことで、台所がより身近な場所になります。メチャクチャな大失敗も思いがけない大成功も、次への意欲につながります。

43　ナイフで削ろう

▶実行して結果を見るという繰り返しの行動が、道具を使いこなす技能を高めます。ひとつの道具を続けて使い込めば、他の道具を選択し使用する技能も高まります。ポケットナイフは、おそらく子どもが初めて手にする多目的工具になるでしょう。ナイフを所有すると世界の見え方が変わってきます。ひとつ大人の視点を持つことが自信につながります。

44 ロープスイングで遊ぼう

▶ ロープスイング（ブランコ）は、何時間でも夢中に遊べる遊具です。長時間これで遊ぶと、前庭器官の働きを自然に理解し、加速と減速を通して重力を体感し、それについて熟考する機会が得られます。

45 火遊びをしよう

▶ 裸火は実験室です。ほとんどの自然力の特質を観察できる場所でもあります。つまり、もっとも身近に科学を体験できるものです。また、この他の活動と同様に、焚き火でも、その危険性を知り、それを扱う上での責任を学び、最終的には、それによって引き起こされる最悪の事態をさける手段を身につけます。

46 指を瞬間接着剤でくっつけよう

▶ 一時的に体の機能を制限することで、普通の身体能力のありがたみを体感できます。必要は発明の母です。指が使えない状態で日常生活を送るために工夫せざるを得なくなり、いやおうなく創造的になります。長時間、指を接着していると、動作回路が作り変えられます。指を再び使えるようにしたときに、逆に違和感を覚えるでしょう。

47 ガラスを溶かそう

▶ 火をおこすだけなら簡単ですが、特定の目的に使用するための火力を得ようとすると、なかなか大変です。しかし苦労することで、火に関する知識がより深まります。普通の焚き火でも、ガラスを溶かすだけの火力を生み出せるという事実から、火を決してあなどってはいけないことを学びます。

48 冷凍庫でビンを破裂させよう

▶ ごくありふれた自然現象には、私たちが作るものを無慈悲に破壊する大きな力があることを学びます。

49 野宿をしよう

▶ 人間には、外で寝るのが普通だった時代がありました。住みなれた家の周囲でも、夜の闇の中ではまったく違う世界になります。見えるもの、聞こえるものが新鮮に感じられます。

50 なにかしよう

▶ 創造性の危険をはらむ境界部分は、安全で安心できる中心部と同じぐらい重要な場所です。ここを探索することに、大きな意味があります。

謝 辞

　本書の制作にあたりご尽力いただいた次のみなさまに感謝します。ジェニファー・シュピーグラーとモリ・ジェイク・ニシハラ、ジェシカ・グリュンワルド・ブラウン、マット・シュピーグラー、ギーサ・レディ、マイケル・ゴフ、マユミ・ホンダ、スティーブ・ダビー、ロビン・オア。ここに紹介するのは本プロジェクトに協力くださった多くの方々のごく一部に過ぎません。

　リズ・スミスとその子どもたちフーパー・スミスとジョシュ・ミカルスキ、そしてキャサリーンとその子どもたちコナーとブレンダンにはとくに感謝申し上げます。

　そして、テストに協力してくれたティンカリングスクールの素晴らしき卒業生たち（とその両親・兄弟）、バイパー、フィオナ、ニック、ガス、サム、アイザック、レオ、ケイト、シャーロット、それに毎日ゲイバーを励ましてくれたおおぜいのみなさん。

献 辞

　この本を、私たちに自分の考えで世界に立ち向かうチャンスを与え、傷ついたら絆創膏を貼ってまた送り出してくれた勇敢にして愛情深い我ら が両親に、そしてそんな世界中の親たちに捧げます。

著者あとがき

この本ができるまで

　ことのきっかけは、TED 2007で行った「Five Dangerous Things You Should Let Your Children Do（子どもにやらせるべき5つの危険なこと）」と題した講演でした。これがインターネットで公開されると（http://on.ted.com/272G）*、200万人の目にとまり、多くの方々から本にしたいと持ちかけられました。私たちは出版の方法をいろいろ探ったのですが、結局、自分たちでやることにしました。

　まず、Googleドキュメントのスプレッドシートに活動のアイデアを書き込み、活動項目ごとに、危険性、所要時間、難易度などを決めていきました。リストが80項目まで増えたところで、順番を入れ替えたりしながら、ベストと思われる50項目まで絞り込みました。そして、この作業と並行して、ページのデザインを（自動車の補修マニュアルを参考に）いくつか考えました。私たちは、友人やデザイナーにこのデザインを見てもらったのですが、そうすることで、私たちのデザインの欠点がわかりました。それは、人からいただいた貴重な助言やデザインの修正案を十分に活かせない私たち自身に原因がありました。活動項目はそれぞれの内容をふくらませて、Googleドキュメントに個別にまとめて、ボランティアのみなさんに見てもらいました。

　その間、イラストレーターにはAdobe Illustratorで挿絵を製作してもらいました。その時点ではまだ活動のカテゴリー（挑戦、経験、技術、工作）が定まっていなかったので、最終段階でカテゴリーを示す背景色をこちらで加えるという形で進めてもらうしかありませんでした。活動内容を見てもらった人たちからの意見が返ってくると、内容を見直して洗練させていきました。レイアウトもまだ確定していなかったので、Adobe InDesignに流し込めるよう、完成した文章と挿絵はXML形式で作っておきました。こうしておけば、最終的なレイアウトがどう変更されようとも、InDesignの中で自動的に割り付けられます（なんと、ジュリーは今回初めてInDesignを使ったのです）。XML、InDesignのファイルとスクリプト（それにたぶん挿絵も）すべてのファイルのバージョン管理には、

---

*日本語字幕入りの動画：http://www.ted.com/talks/lang/jpn/gever_tulley_on_5_dangerous_things_for_kids.html

Perforceを使いました。

　ゲイバーがカタールでの会議に出席している間、ジュリーは表紙デザインを Adobe Photoshop に読み込み、色や余白などの確認用に最初の校正を印刷しました。私たちの知識不足のため、この Photoshop の作業は勝手に暴走したり、細かなトラブルが連鎖的に起こったりで、Illustlator、XML、InDesign と順調に進んできた作業の流れが、そこでたびたびとどこおりました。各活動項目の3回目の文章校正が終わり、XMLファイルを更新すると、最新のほぼ最終版レイアウトに組み込みました。この校正は、限られた小数の仲間にチェックしてもらいました。やがてカテゴリーの色も決まり、ベータ版の本を2冊だけ印刷しました。これを見てもらっている間（内容の事実確認など）、危険アイコンの製作と本の表紙と裏表紙のデザイン調整を行い、前付け部分の原稿（はじめに、自己紹介、目次など）を揃えました。最後の校正を受けて InDesign でデータを修正しました。そして、このページを書き上げて、データを PDF に変換し、オンデマンド印刷サービスの CreateSpace へ送りました。

　作業時間はぶっ通しの作業で3カ月。その間、洗濯物とメールが溜まっていきました。

　この製作方法と使用したツールのおかげで、この本は、いろいろなサイズやメディア形式に自由に変更できます。この本は、すべて、ゲイバーとジュリーの2人で製作しましたが、友人やその家族の協力なしには、絶対に実現しませんでした。今後の活動のためにも、みなさまからのご意見やご助言をお待ちしています。
gaver@fiftydangerousthings.com

ゲイバーとジュリー
2009年12月

原書の表紙

私のお気に入りのウェブサイトやサービス
（特に日本語サイトと紹介していないサイトは英語サイトになります）

Wikipedia（インターネットの百科辞典）：
wikipedia.org、jp.wikipedia.org（日本語サイト）
Make Magazine（物作りの雑誌のブログ）：
makezine.com、jp.makezine.com/blog（日本語サイト）
Exploratorium（世界最大の科学博物館のサイト）：
exploratorium.com
Free-Range Kids（まともな子育てを考えるサイト）：
freerangekids.com
Solarbotics（電子キットとパーツの店）：
solarbotics.com
TechShop（自由に使えるレンタル工房）：
techshop.ws
Instructables（DIYプロジェクトの作り方投稿サイト）：
instructibles.com
TED（刺激的なアイデアいろいろ）：
ted.com、ted.com/translate/language/jpn（日本語サイト）
Pop!Tech（さらに刺激的なアイデアいろいろ）：
poptech.com
Google ドキュメント（インターネットで文書などを共有、編集ができる）：
docs.google.com
Adobe Systems（美しい本を作るためのソフトウェアのメーカー）：
adobe.com、adobe.com/jp（日本語サイト）
CreateSpace（オンデマンド印刷で本の自費出版と配本ができる）：
createspace.com
Tinkering School（ここがすべての始まり）：
tinkeringschool.com
Fifty Dangerous Things（さらにいろいろ）：
fiftydangerousthings.com

訳者あとがき

　著者のタリー氏は、この本を出すきっかけとなった2007年のTEDの講演で、子供たちが二段ベッドから飛び降りて遊んでいる写真をスクリーンに映し出して、どんなに危険なものを取り払って子供たちを守ろうとしても、「子供たちは与えられた環境のなかで、できるかぎり危険なことをしようとするもの」と語っています。そのうれしそうな彼の口ぶりから、これは彼自身の体験に基づく説だとわかります。この本を手に取られた大人のみなさんなら、おそらく深く共感されることでしょう。

　さて、本書に収められている活動の中には、そのままでは日本の実情にそぐわないものがあります。たとえば「33 ゴミ箱に飛び込もう」の「ゴミ箱」は、アメリカの街角に置かれている大きなゴミ入れ「ダンプスター」のことを指しています。日本では工事現場ぐらいでしか見かけませんが、そこに飛び込むのは大変に危険です。粗大ゴミ置き場などに置き換えて考えてみてください。

　「35 ゴミの埋め立て地を見に行こう」も、大変に有意義な活動ですが、処理場や処分場のシステムが日本とは異なるため、地元自治体にお問い合わせください。

　「15 走っている車から物を投げよう」は、公道で行うと道交法違反になります。もしお子さんが、どうしてもやりたいと言ったら（言うに決まってますが）、公道以外の安全な場所で行ってください。

　また、20番は原書では「鉄道の線路で1セント玉をつぶす」という活動でした。これは日本の法律に違反するばかりか、鉄道事故ともなれば多くの人に迷惑をかけます。鉄道のありかたがアメリカとは根本的に違う日本では危険すぎると判断し、掲載しませんでした。そのかわりに、タリー氏が新しい20番の活動として「ノコギリを使おう」を用意してくれました。「もっとくわしく」では、アメリカと日本のノコギリの違いも解説してくれていてありがたく思います。

　ついでながら、「24 空飛ぶマシンを作ろう」で使うことになっているクリーニング屋さんの袋ですが、私が実験したかぎりでは、日本のものはアメリカンサイズに比べて小さいためか、うまく浮き上がりませんでした。そこはいろいろ工夫を楽しんでください。

　タリー氏自身も書いていますが、とくに工作のカテゴリーでは、最初はなかなかうまくいきません。それをお子さんに考えさせ、工夫させ、途中であきらめずに、時間はかかっても最後

までやらせることが、何より重要だと思います。それはまた、「説明書どおりにはいかない」という現実をお子さんに教える上でもいい機会になることでしょう。
　漢字表記については、なるべく平易な漢字を使うようにしましたが、「もっとくわしく」などでは難しい専門用語なども出てきます。まだ学校で習っていない漢字を読むのも、ひとつのチャレンジだと思っていただけたら幸いです。

訳者　金井 哲夫
2011年4月

著者、訳者紹介

著者について

Gever Tulley（ゲイバー・タリー）は可能性と冒険に満ちあふれた世界に生まれ育った幸せ者。兄といっしょに、北カリフォルニアやブリティッシュコロンビア州（カナダ）内陸の広大な自然の中で自由奔放に冒険三昧、発明と工作三昧の日々を送った。彼らの好奇心は親ゆずり。深く考えて試行錯誤するという習慣を小さいころから叩き込まれた。ゲイバーが幼いころのルールは「火遊びは外でやれ」（もちろん乾燥した砂漠地帯ではなく、湿気の多い北カリフォルニアの沿岸地帯での話）。2005年、ゲイバーは子供たちに物作りを教えるティンカリングスクールを開設。すべては「無茶をやる」ことから習得されるというゲイバーの信念に基づくものだった。当然そこでは、壮大な構想、突飛な発想、クレイジーな概念、想像力の直感的な飛躍が尊重され、育まれる。いろいろな年代の子供たちに、自分の手で楽しみながら何かを作ることを教える活動を数年間続けてたゲイバーは、その見守られた中で「無茶をやる」ことで得られる発見を、もっと多くの人たちと分かち合いたいと考えるようになった。そしてその初めての試みとして、本書が誕生した。

Julie Spiegler（ジュリー・スピーグラー）はプロジェクトマネージャー兼編集者。事実上タリーのすべてのプロジェクトを支えている。

訳者について

金井 哲夫（かない・てつお）：雑誌編集者を経て、現在はフリーランスのライター・翻訳者。著書に『東京トホホ会』シリーズ（アスキー）、訳書に『それは「情報」ではない。』（エムディエヌコーポレーション）などがある。ウェブサイト：http://www.skyrocket.co.jp

子どもが体験するべき50の危険なこと

2011年 5月26日 初版第1刷発行
2024年10月 7日 初版第11刷発行

著　者：　　Gever Tulley（ゲイバー・タリー）
　　　　　　Julie Spiegler（ジュリー・シュピーグラー）
訳　者：　　金井 哲夫（かない てつお）

発行人：　　ティム・オライリー

デザイン：　中西 要介
印刷・製本：株式会社ルナテック

発行所：　　株式会社オライリー・ジャパン
　　　　　　〒160-0002　東京都新宿区四谷坂町12番22号
　　　　　　Tel (03) 3356-5227　Fax (03) 3356-5263
　　　　　　電子メール japan@oreilly.co.jp

発売元：　　株式会社オーム社
　　　　　　〒101-8460　東京都千代田区神田錦町3-1
　　　　　　Tel (03) 3233-0641（代表）　Fax (03) 3233-3440

Printed in Japan (ISBN978-4-87311-498-9)

乱丁、落丁の際はお取り替えいたします。
本書は著作権上の保護を受けています。本書の一部あるいは全部について、
株式会社オライリー・ジャパンから文書による許諾を得ずに、いかなる方法に
おいても無断で複写、複製することは禁じられています。